KOSMOS
HUNDE
BIBLIOTHEK

HANS RÄBER

SCHWEIZER SENNENHUNDE

EXPERTENRAT FÜR DEN HUNDEHALTER

FRANCKH-KOSMOS

IMPRESSUM

Umschlaggestaltung von Norbert Deppe, Herrenberg-Oberjesingen, unter Verwendung von 5 Farbaufnahmen von Margreth Bärtschi (Vorderseite), Reinhard-Tierfoto (Rückseite oben rechts) sowie Eva-Maria Krämer.

Die Umschlagvorderseite zeigt den Berner Sennenhund Cyrus v. d. Oiletten, die Rückseite alle vier Rassen: Großer Schweizer oben links, Berner oben rechts, Entlebucher unten links und Appenzeller Sennenhund unten rechts.

Das Vorsatzbild zeigt Entlebucher Sennenhunde, das Bild auf Seite 2 einen Berner Sennenhund.

Mit 28 Schwarzweißzeichnungen von Schwanke & Raasch (Seite 104, 105) und Eva Hohrath (alle übrigen) sowie 52 Farbaufnahmen und 14 Schwarzweißfotos von Blatter (S. 56), Mareile Boyer (S. 64, 71, 89), Brennwalder (S. 80), Fuchs (S. 11, 23, 101), Gasser (S. 98), Gorski (S. 21, 67, 121), Günter (S. 9, 37, 119), Haldemann (S. 13), Hübscher (S. 61), Eva-Maria Krämer (Vorsatz und S. 8, 29, 32, 36, 39, 51, 53, 62, 73, 83, 85, 92, 100, 122), Menegoz (S. 38), Munier-Hofmann (S. 16), Nippon (S. 115), Hans Räber (S. 18o, 18u, 19o, 19u, 20, 43, 45, 46, 54, 69, 81, 95, 97), Reimann (S. 27), Reinhard-Tierfoto (S. 2, 77, 102), Schullworve (S. 63) und Stucki (S. 124) sowie aus dem Archiv des Verfassers.

Die Deutsche Bibliothek – CIP-Einheitsaufnahme

Räber, Hans:
Schweizer Sennenhunde : Expertenrat für den Hundehalter / Hans Räber. – Stuttgart : Franckh-Kosmos, 1995
   (Kosmos-Hundebibliothek)
   ISBN 3-440-06776-9

© 1995, Franckh-Kosmos Verlags-GmbH & Co., Stuttgart
Alle Rechte vorbehalten
ISBN 3-440-06776-9
Lektorat: Angela Wolf
Herstellung: Kirsten Raue
Printed in Germany / Imprimé en Allemagne
Satz: G. Müller, Heilbronn
Druck und Binden: Westermann Druck Zwickau GmbH, Zwickau

Schweizer Sennenhunde

Großer Schweizer Sennenhund

Die ältesten Hunde auf Schweizer Boden

Auf dem Boden der Schweiz sind Hunderassen entstanden, die zu den schönsten gehören, die es heute gibt. Es sind dies einerseits farbenprächtige Laufhunde (Bracken) und andererseits die nicht minder farbenprächtigen Sennenhunde und der St.-Bernhards-Hund.

Über die Herkunft der Sennenhunde ist viel gerätselt worden. Mit scharfsinnigen Überlegungen versuchten Kynologen und Haustierforscher um die Jahrhundertwende, die Entstehung dieser Hunde von der Tibet-Dogge herzuleiten.

Eine große Rolle spielte dabei der »Molosser«, der von den Römern nach Mitteleuropa gebracht wurde und der der unmittelbare Vorfahre der Sennenhunde sein soll. »Beweisstücke« dieser Theorie waren das Vorkommen ähnlicher Hunde im

Rasse. Dieser Torfhund war zur Zeit des Neolithikums (Jungsteinzeit) mehr oder weniger über ganz Europa verbreitet, wobei bereits beträchtliche Größenunterschiede vorgekommen sein müssen. Den Hund der Pfahlbauer jedoch als Spitz zu bezeichnen, ist kaum zulässig, es sei denn, man bezeichnet alle Hunde ähnlicher Größe und mit ähnlicher Schädelform als Spitze.

Über das Aussehen dieser prähistorischen Hunde wissen wir wenig. Haarstruktur und Farbe, Haltung und Größe der Ohren und des Schwanzes, also alle Merkmale, die das Bild eines Hundes wesentlich bestimmen, sind nicht bekannt.

Wozu der Neolithiker den Hund verwendete, können wir nur vermuten. Sicher ist man sich darüber, daß er auch gegessen wurde, denn ein Großteil der Schädel zeigt Spuren eines gewaltsamen Todes.

Die Schädel der Torfhunde sind relativ flach, flacher als die Schädel des heutigen Spitzes. Würde der Schädel eines heutigen Entlebucher oder Appenzeller Sennenhundes zusammen mit den Schädeln von Torfhunden in der gleichen Kulturschicht gefunden, so könnte selbst ein geübter Morphologe die Rassen nicht mit Sicherheit auseinanderhalten. Mit der Deutung vorgeschichtlicher Rassen müssen wir deshalb sehr vorsichtig sein.

Seit dem Neolithikum riß die Besiedlung in Mitteleuropa nie mehr ab. Über die Einwanderungen neuer Stämme in vorgeschichtlicher Zeit wissen wir wenig; wenn solche stattgefunden haben, so wurde die eingesessene Bevölkerung kaum restlos ausgerottet, ebensowenig deren Hunde.

Ein Großer Schweizer Sennenhund ist eine Respekt gebietende Hundegestalt. Er kann bis zu 65 kg schwer werden und ist schon aus diesem Grund kein Hund für die Stadtwohnung.

ganzen römischen Imperium und der Stempeldruck auf Tonfunden in Vindonissa (nahe bei Baden), der einen langhaarigen Hund zeigt. Dieser könnte einen Berner Sennenhund, aber ebensogut einen Spitz darstellen.

Jedenfalls gibt es bis heute keinen konkreten Beweis anhand von Knochenfunden oder von bildlichen Darstellungen, der die Theorie von der Abstammung der Sennenhunde von der Tibet-Dogge stützen könnte.

Wenn wir uns an die beweisbaren Tatsachen halten, kommen wir zu ganz anderen Ergebnissen. Die ersten Funde von Haushunden auf dem Gebiet der heutigen Schweiz stammen aus neolithischen Pfahlbauten. Es waren Hunde einer eher kleinwüchsigen und feingliedrigen

Seit der Mensch in der Hallstattzeit (Eisenzeit) die Siedlungen an den Seeufern und auf den Mooren verlassen hat, liegen sehr wenig archäologische Bodenfunde von Haushunden vor.

Erste Zeugnisse

Die ersten schriftlichen Zeugnisse über die Bewohner der Schweiz stammen von Julius Cäsar, der die hier ansässigen Stämme der Kelten unter dem Namen »Helvetier« zusammenfaßt.

Über deren Jagdhunde hat uns Arrian ausführlich berichtet; über die Bauernhunde schweigt er sich allerdings aus.

Im Jahre 58 vor unserer Zeitrechnung verließ ein Großteil der helvetischen Bevölkerung die Heimat, um in Südfrankreich neue Wohnplätze zu suchen. Das Helvetiervolk wurde jedoch von Julius Cäsar geschlagen und in die alte Heimat zurückgeschickt.

Damit begann die römische Herrschaft im Gebiet der heutigen Schweiz. Die Römer bildeten nur eine dünne Oberschicht; das Volk behielt noch über lange Zeit seine alten Lebensformen bei – und sicher auch seine Hunde.

Ohne Zweifel brachten auch die Römer eigene Hunde mit, aber bestimmt nicht in einer derart großen Zahl, daß die einheimische Hundepopulation völlig »romanisiert« worden wäre. Ein solcher Prozeß ist undenkbar.

Knochenfunde aus dieser Zeit sind selten. Was gesichert werden konnte, zeigt Hunde von der Größe eines Zwergpinschers bis zur Größe eines Schäferhundes. Die »riesigen« Molosser, die bei den älteren Autoren als direkte Vorfahren der Bernhardiner und Sennenhunde eine so große Rolle spielen, sind bis heute auf dem Boden der Schweiz nicht nachgewiesen.

Helvetien war bald ein unsicheres Land. Ab 260 unserer Zeitrechnung mehren sich Einfälle der Alemannen, und um 450 ist das schweizerische Mittelland bis zum Lauf der Aare von den Alemannen besiedelt. Die romanisierte keltische Bevölkerung wurde in die Alpentäler verdrängt, aber auch hinter den Mauern der Städte lebten römische Sitten, Sprache und christlicher Glaube weiter.

An Hunden brachten die neuen Herren wohl nicht viel anderes mit, als was schon da war. Aus schriftlichen Quellen wissen wir, daß die Alemannen ihre Hunde nach dem Gebrauchszweck und nicht nach äußeren Merkmalen einteilten. Hüte- und Jagdhunde konnten durchaus die gleichen Eltern haben. Der »Mehrzweckhund« war denn auch während des ganzen Mittelalters bis in die Neuzeit hinein überall geschätzt.

Zielbewußte Hundezucht wurde damals etwa auf den Ritterburgen oder hinter Klostermauern getrieben, der Bauernhund aber blieb das große »Reservoir«, aus dem immer wieder, je nach Bedarf und rein nach dem Gebrauchszweck, verschiedene »Rassen« herausgezüchtet werden konnten.

Die Lebensbedingungen der Bauern des Mittelalters waren dürftig, deshalb konnten nur genügsame Hunde existieren. Die Nahrung bestand aus Abfällen; die Bezeichnung »Mistbeller« für Bauernhund wird damals seine Berechtigung gehabt haben. Von Rassezucht war keine Rede.

Eine Wende trat nach dem Dreißigjährigen Krieg (1618–1648) überall in Europa ein. Die allgemeine Sicherheit nahm wieder zu. Bär, Wolf und Luchs waren verschwunden, Ackerbau und Viehhaltung blühten auf. Die großen Hunde wurden überflüssig, man brauchte jetzt einen wendigeren Hund, der das weidende Vieh von den Anbaukulturen fernhielt.

Eine Rolle mag Anfang des 19. Jhs. auch Napoleons Kontinentalsperre gespielt haben, die der Hundehaltung in ganz Europa arg zusetzte und später dem Eindringen fremder Rassen von England her den Boden ebnete.

Der Küherhund

Im schweizerischen Voralpengebiet entwickelte sich im 15./16. Jahrhundert eine in Europa einzigartige Wirtschaftsform, das Küherwesen, das für die Entstehung der schweizerischen Sennenhunde eine wichtige Rolle spielte.

Im Spätmittelalter begannen die Bauern, die vordem bewaldeten Höhen zu roden und so Weideland für ihr Vieh zu gewinnen; auch stieß man jetzt über die Waldgrenze hinaus und weidete im Hochsommer hier das Gras ab. Die freien Bauern bildeten Alpgenossenschaften, die übrigens bei der Entstehung der Eidgenossenschaft eine wichtige Rolle spielten. Vielfach aber gehörte das Weideland nicht den Bauern, sondern den Klöstern und adeligen Grundbesitzern.

Alpgenossenschaften und private Weidebesitzer übertrugen die Wartung der Herden einem Hirten, der gegen Entgelt das Vieh besorgte und dem Alpbesitzer Ziger (Quark), Butter und Milch abzuliefern hatte. Den Winter verbrachten die Herden im Tal in den Ställen ihrer Eigentümer.

Die Wege vom Winterquartier bis zur Sommerweide waren oft recht lang. Eine Urkunde aus dem Jahre 1335 besagt, daß »Erin an Hasenlen mit synes vatters veh« auf die Alp »Schyzun und Wintbrech« zog. Vom Hof Hasenlehn bei Trubschachen bis zur Alp Schyzun und Wintbrech an der Südseite der Honegg liegt ein Weg von 22 km.

Berner Sennenhunde.

Eine Herde bestand oft aus bis zu 100 Milchkühen, dazu kamen noch etliche Ziegen und Schweine. Die Wege waren schlecht, oft mußten Flüsse und Bäche überquert werden. Ohne Treibhunde ließ sich eine solche Herde nicht beisammenhalten, und bei einem langen Anmarschweg mußte unterwegs übernachtet werden. Nun hatten die Hunde Vieh und Troß, das ganze »Sennethum« zu bewachen.

Im Laufe der Zeit wurden aus den Hirten Herdenbesitzer, und es entstand der in Europa wohl einmalige, sehr angesehene Küherstand, der noch in vielen alten Liedern besungen wird. Bereits im 16. Jahrhundert gibt es Küher als Pächter der Herden und der Weiden, später besitzen sie eigene Tiere, und als die Küher dazu übergingen, neben Ziger und Butter auch haltbaren Hartkäse herzustellen, begann die Blütezeit des Kühertums. Die Grundbesitzer – häufig Patrizierfamilien (nach der Reformation schieden im Kanton Bern die Klöster als Grundbesitzer aus) – verpachteten den Kühern die Alpen, die Herde gehörte nun dem Küher, aber Grund und Boden besaß er nicht.

Den Winter verbrachte er bei den Bauern im Tal. Der Talbauer verkaufte dem Küher das Heu und erhielt zugleich den nötigen Mist für seine Äcker; Küher und Bauer schlossen Verträge, und noch heute gibt es im Emmental bei den Bauernhöfen das »Küherstöckli«, wo die Küherfamilie während des Winters wohnte.

Auf diese Weise wurden im oberen Emmental an die 280 Weiden genutzt, und in diesem Milieu entstand der Küherhund. In den abgelegenen Tälern konnten sich Lokalschläge bilden, die jedoch keine Rassen im heutigen Sinne waren.

Wie die Hunde aussahen, darüber vernimmt man wenig oder nichts; was sie zu tun hatten, ergibt sich aus der Arbeit des Kühers: Der Hund hatte beim Alpaufzug und bei der Alpabfahrt die Herde beisammenzuhalten, er mußte auf der Alp das Vieh zur Melkzeit zur Alphütte treiben, und wenn im Sommer von einer Alp zur andern oder im Winter von einem Winterquartier ins andere gezogen wurde, hatte er wiederum dafür zu sorgen, daß die Herden beisammenblieben. Er war aber nicht nur Treibhund, er war auch Wächter und hatte das ganze Eigentum seines Herrn Tag und Nacht zu bewachen.

Die Arbeit war vielseitig und anstrengend, das Futter aber karg. Außer Käsmilch (Schotte, Molken) und etwas Maisbrei fiel für den Hund nicht viel ab. Brotgetreide war relativ teuer, Brot deshalb ein Nahrungsmittel, um das man Sorge trug und das man kaum an Tiere verfütterte. Brotreste gab es in einer Küherfamilie nicht.

Hohe Leistungsfähigkeit bei äußerster Genügsamkeit waren hervorstechende Merkmale dieser Küherhunde, die dann auch durchweg kleiner waren als die Hunde der Talbauern, die hauptsächlich Haus und Hof bewachten und deshalb eine achtunggebietende Körpergröße und Stimme haben mußten.

Der Niedergang des stolzen Kühertums begann, als 1815 in Kiesen im Aaretal die erste Talkäserei gebaut wurde. Vorher war man davon überzeugt, daß aus »Talmilch« kein haltbarer Käse gewonnen werden konnte, dazu taugte nur die »Alpenmilch«. Nun erwies es sich aber, daß der Käse aus der Milch der »Talkühe« demjenigen aus der Milch der »Alpenkühe« durchaus ebenbürtig war. Es entstanden mehr und mehr Talkäsereien. Schon 1840 gab es im Kanton Bern deren 120, 1858 waren es bereits 259, und 1880 zählte man 600.

Die Bauern stellten vom Ackerbau auf Viehwirtschaft um, an die Stelle der extensiv genutzten Naturwiesen traten die intensiv genutzten »Kunstwiesen«. Der Bauer konnte jetzt seinen Heuvorrat selber verfüttern, die Küher verloren ihre Wintereinstände. Sie verkauften ihre Herden und wurden seßhaft. Ein einmaliger Wirtschaftszweig starb aus, der Treibhund verlor seine Existenzberechtigung.

Küherhunde

Das Küherwesen war eine in Europa einmalige Wirtschaftsform. Die Hunde der Küher waren die Ahnen unserer Sennenhunde. Der Küherhund war keine durchgezüchtete Rasse; er mußte hart arbeiten, in den Ansprüchen an das Futter jedoch genügsam sein. Küherhunde waren kleiner als die Hunde der Talbauern. Nach dem Niedergang des Küherstandes wurden die Küherhunde selten. Eine Trennung zwischen Küherhund und Bauernhund gab es nie.

Die Bauernhunde im Mittelland

Eine scharfe Trennung zwischen Bauernhunden und Küherhunden gab es sicher nicht. Sieben Monate lang lebte der Küher im Tal, fünf Monate lang auf der Alp.

Eine stete Durchmischung der Hunde war kaum zu umgehen; daß die Küherhunde eher kleiner, die Bauernhunde dagegen größer waren, war eine Frage der Auslese und nicht das Ergebnis einer zielgerichteten Zucht. Freilich darf man wohl annehmen, daß die Küher besonders gute Treibhunde untereinander paarten, aber das mögen eher Ausnahmen als die Regel gewesen sein.

Nach Möglichkeit zog man aus den Würfen nur die Rüden auf, die dann auch meist kastriert wurden. Nach einer Statistik aus dem Jahre 1889 über die Hunde im Kanton Thurgau waren nur 10 % der Hunde weiblichen Geschlechts.

Mit dem Niedergang des Kühertums erwuchs dem Bauernhund im Mittelland als »Käsereihund« ein neues Betätigungsfeld. Der große Schilderer des bernischen Landvolkes im 18. und 19. Jahrhundert, JEREMIAS GOTTHELF (ALBERT BITZIUS), nannte zwar das Einspannen der Hunde vor den Käsereikarren einen »Unfug« und »schlechten Witz«, der sich nirgends lange halten werde, doch darin täuschte er sich. Der Käsereihund gehörte bis zum Zweiten Weltkrieg zum bäuerlichen Dorfbild.

Der kleine Treibhund wurde selten; dem großen und starken »Käsereihund« wurde der Vorzug gegeben, doch der Begriff »Küherhund«

Ein Sennenhund muß sich mit allen anderen Hoftieren vertragen.

blieb vorerst noch erhalten. Der Berner Zoologe THEOPHIL STUDER betrachtete ihn sogar als eine wirkliche Rasse von »sehr übereinstimmendem Typus«.

Die Sammlung der Albert Heim Stiftung im Naturhistorischen Museum in Bern enthält etliche Schädel großer Hunde, die als »Küherhund« bezeichnet sind.

Die Situation vor der Reinzucht

Die Ahnen unserer vier Sennenhunderassen sind die Küher- und Bauernhunde Ende des 19. und zu Beginn des 20. Jahrhunderts.

Ihre Färbung muß durchaus nicht schon so gewesen sein wie die der heutigen Sennenhunde.

Sicher waren die roten und braunen Tiere weitaus in der Mehrzahl. Die direkten Vorfahren unserer Sennenhunde, die um die Jahrhundertwende in die ersten Zuchtbücher übernommen wurden, waren auch keineswegs reinerbige, durchgezüchtete Rassen, sondern eben Gebrauchstypen, aus denen die Züchter in wenigen Generationen die heutigen Rassen geschaffen haben.

Relativ einheitlich waren die Hunde in ihrem Wesen, denn was den Anforderungen der Sennen, Bauern und Viehhändler nicht entsprach, wurde ohne Sentimentalität ausgemerzt.

Der damalige Hund war ein Nutztier, das seinen bestimmten Zweck zu erfüllen hatte, und wenn der Mensch selektiv eingriff, dann nur unter dem Gesichtspunkt des Gebrauchszweckes.

So mußten die Älpler und Bauern einen Hund haben, der Haus und Hof bewachte, nicht zum Wildern weglief, sich dafür aber als Viehtreiber nützlich machte.

Der Gebrauchszweck bestimmte weitgehend seine äußere Erscheinung: Der Hund mußte eine einigermaßen respekteinflößende Größe haben, er mußte wetterhart, ausdauernd und genügsam sein; und im Hinblick auf das vom Nutzvieh auf den Hund übertragene Schönheitsideal gab der Bauer dem massiver wirkenden Hund den Vorzug vor dem schlanken, leichten Typ.

Damit sind bereits wesentliche Eigenschaften der Schweizer Sennenhunde fest umrissen. Der Gebrauchszweck bedingte den wohlproportionierten Körperbau ohne irgendwelche Übertreibungen; eine Körperform, die keine starken Abweichungen von der Normalform des Hundes zuließ. Genauso verhält es sich mit dem Charakter. Bauern, Älpler, Viehhändler oder Metzger waren weder willens, noch hatten sie Zeit, sich mit einem nervösen oder sonstige Charaktermängel aufweisenden Hund herumzuschlagen.

»Was nicht den ganzen Tag bei jeder Witterung schaffen, rennen, treiben, bellen und nachts auch noch wachsam sein konnte, wurde in Hundefett umkastriert oder totgeschlagen«, so lesen wir in einer kynologischen Zeitschrift aus dem Jahre 1913.

Und anderswo schreibt einer der ersten Züchter des Berner Sennenhundes: »Nach der Ansicht eines

*Die Berner Sennen-
hündin »Netti v. Burg-
dorf«, 1914 von Prof.
Heim gemalt.*

Bauern ist ein Hund gut, wenn er
wachsam und scharf ist, ohne zu
beißen, beim Ausgehen bei Fuß
folgt, am Wagen zwischen den Hin-
terrädern und nicht auf den Kultu-
ren herumläuft, den Meister im
Notfall verteidigt, auf dem Feld lie-
gengelassene Gegenstände bewacht,
nicht wildert, Katzen und Hühner
in Ruhe läßt, nicht herumvaga-
bundiert. In gebirgigen Gegenden
werden die Eigenschaften des Vieh-
hütens und Viehtreibens … geschätzt.«

Als die Schweizer Sennenhunde
Anfang dieses Jahrhunderts als eigene Rassen anerkannt und rein gezüchtet wurden, hatten es die Züchter relativ leicht. Es galt lediglich,

den schon vorhandenen Typ zu
schützen und zu festigen, Uner-
wünschtes auszumerzen, Er-
wünschtes zu fördern, wie z.B. die
schöne Dreifarbigkeit und die guten
Gebrauchseigenschaften. Das ist
den Züchtern bis heute weitgehend
gelungen.

Sennenhunde

Die Sennenhunde sind wachsame
und wetterharte Hunde. Sie sind
alte Gebrauchshunde und frei von
jeglichen anatomischen Übertreibungen und Abweichungen vom
ursprünglichen Bauplan der Ca-
niden.

Die Schweizer Sennenhunde sind Treibhunde

Simmentaler Fleckvieh und Berner Sennenhund sind altes bernisches Kulturgut.

Ein hervorstechender Charakterzug der Schweizer Sennenhunde ist ihre angeborene Lust am Viehtreiben. Vor allem die beiden kleinen Rassen, der »Appenzeller« und der »Entlebucher«, sind darin unübertroffen; aber auch die beiden großen, der »Große Schweizer« und der »Berner Sennenhund«, treiben, wenn sie Gelegenheit dazu bekommen, noch heute Vieh.

Die Viehbestände nehmen allerdings ab. Simmentaler Fleckvieh z. B. gibt es in Amerika mehr als in der Schweiz; hoffen wir, daß dem Berner Sennenhund das gleiche Schicksal erspart bleibt.

Ob bereits der Torfhund des neolithischen Bauern zum Hüten von Vieh herangezogen wurde, wissen wir nicht und werden es auch nie erfahren. Aus alten Quellen vernehmen wir, daß Hunde zum Schutz der Herden eingesetzt wurden, doch waren dies nicht Schäferhunde im heutigen Sinne, sondern eher große, wehrhafte Gesellen. Nach altem alemannischem Recht standen auf das Töten eines Hirtenhundes hohe Geldbußen.

Diese Hunde mußten, wie eine Skulptur am Dom zu Magdeburg und schriftliche Zeugnisse belegen, zum Schutz des Wildbestandes vom Hirten an der Kette geführt werden und durften nur zur Verfolgung eines Raubtieres freigelassen werden. Selbständiges Hüten und Treiben der Herde verlangte man von diesen Hunden nicht. Außerdem halfen sie bei Bedarf bei der Eber- und Bärenjagd.

Schäfer- und Treibhunde ersetzen den Hütehund

Das änderte sich, wie schon gesagt, nach dem Dreißigjährigen Krieg. Die großen, starken Hunde – übrigens arge Fresser – wurden überflüssig. JOHANN KOHLER schreibt in seiner »Oeconomia ruralis et domestica«: »Ein Schäfer hat oft 14 oder 15 (Hunde); die fressen ein ganzes Pferd auf einmal auf.« So treten nun in Europa überall leichtere Hütehunde auf, in England der Sheepdog, in Deutschland der Schäferhund, in Frankreich der Chien de Berger, in Italien der Cane da Pastore, in der Schweiz das »Triberli«.

Dabei trennten sich zwei verschiedene Stämme schon frühzeitig: einerseits die stumm hütenden Schäferhunde und andererseits die laut bellenden Treibhunde. Alle Schweizer Sennenhunde gehören zur zweiten Gruppe.

Hüten und Treiben lassen sich freilich nicht exakt trennen. Der Hütehund muß das von der Herde weglaufende Vieh wieder zurückholen. In diesem Moment wird er zum »Viehtreiber«, der die Technik des Treibens voll und ganz beherrschen muß. Doch auch dem Treibhund obliegt es immer wieder, eine Herde zu überwachen; er ist nie *nur* Treiber, sondern immer auch Hüter. Wachsamkeit ist denn auch ein weiterer hervorstechender Charakterzug unserer Sennenhunde.

Arbeit des Treibhundes

An den Aufgaben und Pflichten eines guten Treibhundes hat sich eigentlich seit der Zeit, da der große Förderer der Sennenhunde, Prof. ALBERT HEIM, sie beschrieben hat, nichts geändert: »Austreiben der Kühe aus dem Stall auf die Weide, zusammentreiben zum Melken, einstallen der Kühe, suchen und kluges Wenden und zurückbringen verstiegener Herdentiere, zusammenhalten der Weidetiere den ganzen Tag auf dem Weidegebiet, fernhalten von Weidetieren, die nicht zur Herde gehören, abhalten von Streit unter den Weidetieren, bewachen und begleiten fremder Menschen durch die Weide.«

Ein guter Appenzeller oder Entlebucher Sennenhund ersetzt auf der Alp gut und gerne zwei Hütebuben. Das Treiben erfordert vom Hund eine ganz bestimmte Technik. Erstens soll der gute Treiber bei der Arbeit ausdauernd bellen. Die Herde darf nicht durch einen lautlos auftauchenden Hund erschreckt werden, ein kopfloses Durchbrennen könnte die Folge sein. Übrigens interpretieren die Kühe das Gebell des Treibhundes durchaus richtig.

Der gute Treiber zwickt das Vieh, welches nicht Schritt hält, mit den Schneidezähnen ins hintere Fesselgelenk, mitunter auch in die Nüstern, und weicht dem unweigerlich darauf folgenden Hufschlag geschickt aus. Das blitzschnelle Kneifen ins Fesselgelenk nennt der Älpler »Stechen«. Verlangt wird ein mög-

lichst tiefes Stechen, zu hohes gefährdet den Hund. Mitunter muß der Hund das tiefe Stechen erst lernen. Zu diesem Zweck werden den Kühen oder Kälbern farbige Bändel um die Fesseln gebunden. Der Junghund schnappt dann spielerisch nach diesen Bändeln und lernt so das richtige, tiefe Stechen.

Nach dem Stechen wirft sich der Sennenhund blitzschnell auf die Seite und weicht so dem Hufschlag aus. Trotzdem kann es vorkommen, daß ein Hund von einer Kuh verletzt wird. Der Hund wird diesem Tier später immer ausweichen.

Wertlos als Treiber sind Hunde, die wahllos zubeißen. Diese Unart läßt sich nur schwer abgewöhnen.

Das Um- und Einkreisen der Herde wird vom Treibhund nicht verlangt, im Gegenteil, er soll die Front einer ziehenden Herde nicht

Treibender Appenzeller Sennenhund. »Victor« visiert das linke Fesselgelenk der Kuh an und macht sich zum Stechen bereit.

Beim korrekten Stechen kneift der Hund die Kuh blitzschnell direkt über den Afterklauen in den Hinterlauf.

durchqueren und so die Tiere von der Richtung ablenken. Durch ständiges Seitenwechseln hinter der Herde kann er diese überblicken und ausgebrochene Tiere sofort wieder zurücktreiben. In einem solchen Fall wird er das einzelne Tier umkreisen, bis es wieder die Richtung zur Herde einschlägt.

Aufgaben des Treibhundes

- Austreiben der Kühe vom Stall auf die Weide.
- Zusammentreiben der Kühe zum Melken.
- Verstiegene Weidetiere suchen und zur Herde zurücktreiben.
- Sennhütte und Vieh bewachen (Glocken stehlen ist heute bei Touristen beliebt!).

Dem darauffolgenden Hufschlag weicht der Hund seitlich aus. Ein guter Treiber wird kaum jemals geschlagen.

Das Vieh ist in den Pferch getrieben. »Victor« patrouilliert ständig hin und her und gibt acht, daß kein Stück ausbricht.

Vorausset-zungen für das Vieh-treiben

Über das Hüten und Treiben sind viele Untersuchungen angestellt und Abhandlungen geschrieben worden. Daraus läßt sich, kurz zusammengefaßt, etwa Folgendes sagen:

• Hüten und Treiben ist nicht allen Hunderassen eigen. Bei Versuchen mit 95 Hunden verschiedenster Rassen zeigten nur zwei spontane Ansätze zum Viehtreiben, die übrigen verhielten sich dem Vieh gegenüber eher aggressiv.

• Die triebhafte Lust zum Viehtreiben ist ein so charakteristischer Zug unserer Sennenhunde, daß von einer angeborenen Verhaltensweise gesprochen werden kann.

• Allgemein nimmt man an, daß eine Vererbung individuell erworbener Verhaltensweisen nicht möglich ist; demnach müßte der Hüte- und Treibtrieb irgendeinem Triebbereich des wilden Urahnen, also des Wolfes, zugeordnet werden können. Durch gezielte Zuchtauslese wurde dieser Trieb bei den Sennenhund- und Schäferhundrassen während vieler Generationen gefördert und gefestigt.

Lehnen wir die Vererbung erworbener Eigenschaften ab, so müssen wir uns nun die Frage stellen, welchen Triebbereichen des Wolfes der Treibtrieb der Sennenhunde entspricht und welchem Verhaltensinventar die dabei angewandten Verhaltensweisen entlehnt sind.

Der Anatom kann anschaulich demonstrieren, daß der körperliche Bauplan des Hundes nach wie vor derjenige des Wolfes ist, nichts ist zugefügt, nichts ist weggenommen worden. Wo körperliche Merkmale

Zwiegespräch zwischen Appenzeller Sennen-hund und Simmentaler Fleckvieh-Kuh.

*Noch junger Berner
Sennenhund, dessen
Haarkleid noch nicht
die volle Länge
erreicht hat.*

Niemand hat die einzelnen Schritte festgehalten oder vielleicht auch nur bewußt wahrgenommen, und so bleibt alles, was in dieser Hinsicht gesagt werden kann, mehr oder weniger Spekulation.

Diese Zwischenstufen müssen aber einmal vorhanden gewesen sein. Die Reaktionen des Hundes auf Reize seiner Umwelt werden hauptsächlich durch seine uralten Triebe ausgelöst und durch ererbte Handlungsweisen, die Instinkthandlungen, gesteuert. Alle diese Triebe und die ihnen zugeordneten Instinkthandlungen können wir den beiden übergeordneten Urtrieben, dem Selbsterhaltungs- und dem Arterhaltungstrieb, zuordnen.

In einen dieser Triebbereiche muß auch der Trieb zum Viehtreiben eingeordnet werden können.

Einige Autoren führen das Umkreisen der Herde oder eines Einzeltieres auf das Beuteeinkreisen des Wolfes zurück. Sie weisen also das Treiben in den Bereich des Nahrungserwerbs. Nun ist aber das Beuteeinkreisen des Wolfes nirgends sicher belegt, und wilde Hunde, z.B. der Hyänenhund und der Dingo, kreisen die Beute nicht ein, sondern hetzen sie, so daß diese Zuweisung sehr problematisch ist.

Die Zuweisung des Treibens in den Triebbereich des Beuteschlagens scheint mir auch sehr fraglich. Der Hund kneift das Vieh unterhalb des Fersengelenks in die Fesseln, je tiefer, desto besser. Jagende Wölfe werden aber ihre Beute niemals in die Fesseln beißen, denn hier ist für sie keine tödliche Wunde zu setzen. Beißen in die Gurgel oder in die Flanken, wie es jagende Wildhunde und Wölfe am Beutetier praktizie-

sichtbar abgewandelt worden sind, oft so stark abgewandelt, daß der Laie versucht ist, an Neubildungen zu glauben, findet der Anatom die fließenden Übergänge zum ursprünglichen Wolfsskelett.

So wie es aber vieler Zwischenglieder bedarf, um beispielsweise den Schädel eines Pekinesen vom Schädel eines Wolfes abzuleiten, so wäre der Nachweis vieler Zwischenstufen nötig, um den Treibtrieb eines Sennenhundes von einem ursprünglichen Trieb des Wolfes abzuleiten. Diese Zwischenstufen psychischen Verhaltens sind aber weder abwäg- noch meßbar, noch dokumentarisch belegt.

ren, ist beim Treibhund jedoch streng verpönt. Hunde, die solches tun, sind als Treiber wertlos.

Wo aber finden wir das eigenartige »Stechen« im Verhalten des Hundes? Im Spiel der Junghunde! Hündinnen fassen ihre Welpen beim Spielen an den Hinterläufen, und die Jungen tun dies auch untereinander. Dieses Spiel beginnt sehr früh. Das Hinterlaufbeißen gehört zum Spielverhalten der Junghunde, es verliert sich später mit dem Eintritt der Geschlechtsreife. Alte Hunde bedienen sich dieser Verhaltensweise immer nur im Spiel mit Junghunden, nie im Spiel mit anderen erwachsenen Hunden.

Ich neige deshalb dazu, im Treiben eine erhalten gebliebene juvenile Spielhandlung zu sehen. Der Hund überträgt dabei eine ursprünglich an den Meutegenossen gerichtete Spielhandlung auf das ihm von Jugend auf bekannte und vertraute Vieh.

Eine ähnliche Auffassung vertritt Dr. MÄDER, wenn er in seiner Dissertation über den Appenzeller Sennenhund schreibt: »Der Treibhund interpretiert offenbar jedes Stück Vieh als Glied seiner Meute, dem gegenüber es in erster Linie seine soziale Stellung zu halten gilt. Andererseits gehört dieses Vieh für ihn so sehr zum Gesamtkollektiv seiner Lebensgemeinschaft, daß es sich davon nicht isolieren darf und deshalb immer wieder in sie zurückgetrieben wird. Dieses Verhalten ist angeboren und im ererbten Instinktschema verankert. Wo es fehlt, was bei einzelnen Hunden vorkommen kann, läßt es sich durch Abrichtung kaum je in erwünschtem Maße beibringen.«

Ich möchte nicht so weit gehen wie MÄDER und lediglich feststellen, daß der Hund beim Treiben eine ursprünglich an den Artgenossen gerichtete Spielhandlung auf ihm bekannte, aber außerhalb seiner arteigenen Meute stehende Lebewesen überträgt.

Hüten und Treiben können als angeborene Verhaltensweisen durch eine generationenlang betriebene, strenge Gebrauchsauslese in bestimmten Hunderassen fixiert und überbetont werden.

Exakte wissenschaftliche Untersuchungen über dieses interessante Verhalten fehlen bis heute. Sie werden vielleicht aufdecken, daß der ganze Handlungskomplex nicht als Einheit vererbt wird, sondern in einzelne Handlungskomponenten aufgegliedert werden muß. Hier harrt einem kynologisch interessierten Verhaltensforscher ein dankbares Forschungsfeld.

Alle drei Berner Sennenhunde haben Prüfungen in den verschiedensten Fächern mit Erfolg abgelegt. Sie zeigen, daß Schönheit und Gebrauchstüchtigkeit durchaus vereinbar sind.

Der Zughund

Seinen ursprünglichen Dienst versieht heute nur noch ein kleiner Prozentsatz der Sennenhunde. Es geht ihnen in dieser Hinsicht wie allen Schäfer- und Hirtenhundrassen: sie wurden ihrer ursprünglichen Aufgabe völlig entfremdet.

Ihre Verwendung als Zughunde ist kaum noch gefragt – früher waren vor allem die Großen Schweizer Sennenhunde bzw. ihre Vorfahren

Zugtiere der Hausierer und Marktfahrer, und morgens und abends zogen sie den Milchkarren vom Bauernhof zur Käserei. Ab und zu sieht man in den Dörfern noch einen Großen Schweizer oder einen Berner am Milchkarren, aber auch hier verdrängen ihn Kleintraktor und Moped immer mehr.

Die Hunde der Hausierer und Marktfahrer führten freilich ein hartes Leben. Es kam tatsächlich vor, daß die Hündin eines solchen, angeschirrt an ihrem Karren, auf dem Marktplatz von Bern Junge warf.

Der Zughund geriet deshalb bei den Tierschützern in Mißkredit. Die schweizerischen Kantone erließen gesetzliche Bestimmungen über die Verwendung von Hunden als Zugtiere, man setzte Mindestgrößen und Mindestalter fest und machte z.T. auch falsche Vorschriften über das Anschirren. Diese Gesetze sind heute alle mehr oder weniger überholt, der Zughund hat ausgedient.

Die Verordnung zum Schweizerischen Tierschutzgesetz vom 27. Mai 1981 erwähnt den Zughund allerdings noch in Artikel 32, welcher besagt: »Zum Ziehen dürfen nur geeignete Hunde verwendet werden. Ungeeignet sind insbesondere kranke, hochträchtige oder säugende Tiere. Die Hunde sind in geeignete Geschirre einzuspannen.«

Angaben über die Mindestgröße der Hunde fehlen, es fehlen auch konkrete Hinweise auf die zu verwendenden Geschirre.

Der Zuchtverband für Schweizerische Hunderassen führt jedes Jahr Zughundprüfungen durch, bei denen vor allem Große Schweizer Sennenhunde, Berner Sennenhunde und Bernhardiner teilnehmen.

Ursprüngliche Verwendung

Der große Bauernhund wurde im Mittelland von den Bauern als Käsereihund vor den Milchkarren gespannt; den Viehhändler begleitete er als Schutzhund; dem Hausierer zog er den Karren. Im Zweiten Weltkrieg setzte auch die Schweizer Armee Große Schweizer Sennenhunde als Zughunde ein.

Neue Aufgaben für Sennenhunde

Zum Dienst am Vieh kommen nur noch wenige Sennenhunde. Doch gilt für sie, was auch für den Menschen gilt – »Müßiggang ist aller Laster Anfang« –, und HEIM sagte einmal von den Hunden: »Durch Langeweile gequält, sind sie der Verdummung ausgeliefert.« Was heute Verhaltensforscher mit viel Aufwand beweisen, war HEIM bereits bestens bekannt, als er z.B. schrieb, daß »Zwingerhunde degenerieren«.

Die hoffähig gewordenen Abkömmlinge der ehemaligen Küherhunde, vor allem der dekorative Berner Sennenhund, tauchen immer mehr in den Villenvierteln der Städte und großen Dörfer auf, wo sie ihrem ursprünglichen Lebensbereich völlig entfremdet sind.

Doch der psychisch rege und vielfältig veranlagte Sennenhund verlangt nach einer sinnvollen Betätigung. Weil er sie sich nicht mehr, wie in seiner ursprünglichen Umwelt auf einem Hof, selbst verschaffen kann, muß man für einen geeigneten Ersatz sorgen.

So sagt MORITZ MAGRON, ein erfahrener Förderer des Großen Schweizer Sennenhundes: »Wo die Gelegenheit zur praktischen Betätigung fehlt, sollte die sportliche Abrichtung in diese Lücke treten. Sie vertieft unser Verhältnis zum Hund und bewahrt ihn vor seelischer Verarmung und körperlicher Verkümmerung.«

Die Meinung, nur der Deutsche Schäferhund sei als Gebrauchshund im Sinne unserer Prüfungsordnungen geeignet, ist so verbreitet wie falsch. Jeder Hund, der in seinem Körperbau nicht allzuweit vom ursprünglichen Canidenbauplan abweicht, der über ein gutes Gangwerk, normale Sinnesschärfe und ein nervenfestes Wesen verfügt, ist zum Gebrauchshund geeignet. Und diese Voraussetzungen treffen auf alle vier Sennenhundrassen zu. Mit einem guten Führer haben auch sie bei Gebrauchshundeprüfungen ihre reellen Erfolgschancen, wie viele Beispiele eindrücklich beweisen.

Wir finden die Schweizer Sennenhunde in den Prüfungen der Klassen Begleithund, Schutzhund, Sanitätshund, Lawinenhund und sogar im praktischen Einsatz als Blindenführhund und neuerdings auch als Katastrophenhund (Rettungshund).

Das A und O jeder erfolgreichen Abrichtung ist ein zuverlässiger Gehorsam des Hundes. Mit Gehorsams- und Appellübungen muß man deshalb beim Sennenhund frühzeitig beginnen; die Meinung HEIMS, der Sennenhund werde »dressiert« geboren, trifft leider in der Praxis nicht zu.

Die meisten Sennenhunde sind apportierfreudig und tragen von sich aus, gleichsam spielerisch, Gegenstände umher. Lästig wird dies, wenn sie sich auf Kieselsteine spezialisieren und sich damit unweigerlich die Zähne ruinieren. In der Regel aber ist es nicht schwer, einem Sennenhund ein richtiges Apportieren beizubringen.

Spurenarbeiten gehören bei den Hüte- und Treibhunden seit jeher zum Aufgabenbereich ihrer täglichen Arbeit. Eng damit zusammen hängt das Revieren nach Gegenständen; einen Sennenhund dazu anzuleiten, ist nicht schwieriger als bei jeder anderen anerkannten Gebrauchshunderasse.

Alle Sennenhunde verfügen über einen angeborenen Schutz- und Wachtrieb, denn ein Hund, der nicht wachsam war, hatte beim Bauern keine Lebensberechtigung. Hunde auch in diesen Disziplinen abzurichten, bietet daher keine Schwierigkeiten.

Bei Prüfungen aber muß der Konstitution der großen Rassen Rechnung getragen werden. Sprünge machen großen und schweren Hunden Mühe, davon ist deshalb abzuraten. Beim »Gehen bei Fuß« ist der seitliche Körperausschlag eines schweren Sennenhundes größer als etwa beim Deutschen Schäferhund; auch beim »frei Ablegen« ist dem oft annähernd quadratischen Körperbau Rechnung zu tragen. Schräglage des Bodens läßt den Hund schon einmal »kippen«, was einen Punkteabzug bewirkt.

Es kann nicht Aufgabe dieses Buches sein, eine Anleitung zum Abrichten von Sennenhunden zu geben, ich möchte aber kurz auf die Besonderheiten dieser Rassen dabei hingewiesen haben.

Für derart alte Gebrauchshunderassen, wie es die Sennenhunde sind, sollte es eigentlich selbstverständlich sein, daß dem Hund Gelegenheit zu sinnvoller Betätigung gegeben wird.

Es gibt keine Prüfungsklasse in unserer Prüfungsordnung (PO), die von einem Sennenhund nicht bewältigt werden kann. Leider schenken die zuständigen Rassezuchtvereine (Rasseklubs) der Förderung der Gebrauchshundeeigenschaften viel zu wenig Beachtung. Man diskutiert über die zulässige Breite der Blesse, über die Größe der weißen Abzeichen an den Pfoten und andere mehr oder weniger belanglose Dinge; man verwechselt auf Ausstellungen Masse mit Substanz und bevorzugt den massigen, schwerfälligen Typ.

So kommt man allmählich vom ursprünglichen wendigen Gebrauchstyp ab – und das sicher zum Schaden der Rassen.

Sennenhunde jagen nicht

Das wird oft behauptet, es stimmt aber leider nicht. Die Rasse, die garantiert nicht jagt, gibt es nicht. Es gibt Rassen, deren Vertreter zum weitaus größten Teil nicht jagen, und es gibt andererseits Rassen, bei denen a priori mit einem ausgeprägten Jagdtrieb gerechnet werden kann.

Ich kann aber einen Spitz kaufen, von dem in allen Büchern steht, er jage nicht, und mein Hund jagt nachher wie der Teufel; oder ich kann als Jäger einen Spaniel kaufen, und mein Hund hat überhaupt kein Interesse am Wild!

Der einzige meiner vielen Hunde, die ich im Laufe der Jahre gehalten habe, der es verstanden hat, lebende Sperlinge zu fangen und seinen Jungen zum Fraß vorzulegen, war ein kleiner Brüsseler Griffon,

also ein Zwerg, von dem gesagt wird, daß er garantiert nicht jage!

Der größte Teil der Sennenhunde jagt nicht, denn Bauer und Älpler konnten keinen Hund gebrauchen, der vom Haus weglief und stundenlang Wild hetzte.

Aber mir begegnen immer noch genügend Sennenhunde, z.T. sind es aber nicht rein gezüchtete, sondern Sennenhundbastarde, wie sie hierzulande noch immer sehr häufig sind, die auf eigene Faust Wild jagen.

Sorglosigkeit ist jedenfalls in dieser Beziehung fehl am Platze; wie bei allen anderen Rassen gilt auch hier: ». . . und führe mich nicht in Versuchung!«

Zeigt der Hund Interesse an Wildspuren, ist sein Jagdeifer so groß, daß er sich nicht mehr von einer einmal aufgenommenen Wildspur abrufen läßt, so gibt es nur ein zuverlässiges Mittel: den Hund dort, wo mit Sicherheit mit Wild zu rechnen ist, an der Leine zu führen, auch den Sennenhund!

Wir dürfen nicht vergessen, daß Sennenhunde ausdauernde Läufer sind. Sie vermögen zwar ein gesundes Wild nicht einzuholen, dazu sind sie zu langsam, aber sie verfolgen es auf weite Strecken. Ertappen Jäger oder Wildhüter den Hund beim Jagen, führt dies zumindest zu unerfreulichen Diskussionen, wenn nicht gar zu weit Schlimmerem!

Schlimme Wilderer sind oft Bastarde zwischen Sennenhunden und Deutschen Schäferhunden, weil sie vom Deutschen Schäferhund Schnelligkeit und Ausdauer geerbt haben und so durchaus in der Lage sind, eine trächtige Rehgeiß einzuholen und niederzureißen.

Die vier Schwei- zer Sennenhund- Rassen

*Die rostroten Abzei-
chen, der »Brand«,
sollen bei allen
Sennenhundrassen in-
tensiv sein. Die früher
häufigen Hunde mit
gelben anstelle von
roten Abzeichen sind
heute selten geworden.*

Der Standard

Maßgebend für die Beurteilung eines Rassehundes ist der Standard.
Darunter versteht man eine möglichst genaue Beschreibung der
äußeren Erscheinung einer Rasse.
Verfaßt wird ein solcher Standard
vom jeweiligen Rassezuchtverein
des Landes, in dem die Rasse entstanden ist. Für die Schweizer Sennenhunde ist es also die Schweizerische Kynologische Gesellschaft
(SKG, Adresse s. S. 129).

Der Standard wird hierauf der
Fédération Cynologique Internationale (FCI) eingereicht, die nun ih-
rerseits den Text auf seine Richtigkeit hin prüft. Er soll vor allem keine
Bestimmungen enthalten, die sich
auf die Entwicklung der Rasse negativ auswirken können. Wird der
Standardtext für in Ordnung befun-
den, so erklärt ihn die FCI für alle
ihr angeschlossenen Landesverbände als verbindlich.

In der Praxis heißt das, daß z.B.
ein Berner Sennenhund überall auf
Ausstellungen nach den gleichen
Richtlinien beurteilt wird und die
Rasse somit ihr typisches Gepräge
behält.

Nun kann man die besondere
Gestalt, die Art, sich zu bewegen, ja
selbst Farbnuancen nie so genau in
Worte fassen, daß sie von allen
gleich ausgelegt werden. Das Beurteilen eines Hundes bleibt trotz
Standard eine Frage der persönlichen Ansicht eines Richters.

Unterschiede in den Beurteilun-

*Die rostroten Abzei-
chen, der »Brand«,
sollen bei allen
Sennenhundrassen in-
tensiv sein. Die früher
häufigen Hunde mit
gelben anstelle von
roten Abzeichen sind
heute selten geworden.*

gen zweier Richter von ein und demselben Hund sind deshalb immer möglich. Damit muß jeder rechnen, der seinen Hund ausstellen will, und wer es nicht erträgt, einmal eine schlechtere Beurteilung einstecken zu müssen, als er erwartet hat, der soll seinen Hund lieber nicht ausstellen. Für den echten Hundefreund ist ohnehin sein eigener Hund der schönste und beste; daran kann kein Richterurteil rütteln.

Ein richtig abgefaßter Standard ist aber nicht nur Richtschnur für den Richter, sondern soll auch dem Laien einen Begriff vermitteln, wie ein Rassehund aussehen soll. Auch er kann anhand des Standardtextes beurteilen, ob der Hund, den er zu kaufen beabsichtigt, den Rassekennzeichen überhaupt einmal entsprechen wird, und in welchen Punkten er bereits Fehler aufweist.

Gemeinsamkeiten und Unterschiede

Allen vier Rassen gemeinsam ist die klare, symmetrische Zeichnung und die Dreifarbigkeit. Zur glänzend schwarzen oder dunkelbraunen Grundfarbe kommen braune, braunrote und weiße Abzeichen am Kopf und an den Läufen, wobei der »Brand« immer zwischen Schwarz und Weiß liegen soll. Gleiche Farbe und Zeichnung müssen jedoch nicht unbedingt die Folgen einer engen Verwandtschaft sein.

Ursprünglich waren die beiden »Großen«, der Große Schweizer und der Berner Sennenhund, kaum voneinander zu trennen, der »Große« galt als kurzhaariger »Dürrbächler« (Dürrbächler heißt der Berner Sennenhund noch heute in der Schweiz). Erst ALBERT HEIM hat 1908 auf der Ausstellung in Langenthal einen Trennungsstrich gezogen.

Die beiden »Kleinen«, der Appenzeller und der Entlebucher Sennenhund, unterscheiden sich von den »Großen« wesentlich in ihrem Temperament. Sie sind viel bellfreudiger und lebhafter. Auch sie waren ursprünglich kaum voneinander zu trennen.

Die Stummelrute des »Entlebuchers« ist nicht unbedingt ein Rassenmerkmal, denn nur ein relativ kleiner Prozentsatz der »Entlebucher« wird mit Stummelrute geboren. Auf älteren Abbildungen sind die Entlebucher hochläufiger als die heutigen, sind also eigentlich nur kupierte Appenzeller.

Fortpflanzungsbiologische Untersuchungen von G. KAISER weisen den Appenzeller Sennenhund jedoch eindeutig den großen Rassen zu – er übertrifft mit einer durchschnittlichen Welpenzahl von über acht pro Wurf sogar den Berner Sennenhund –, während der »Entlebucher« den mittelgroßen Rassen zugeordnet ist. Das ist ein Hinweis darauf, daß zumindest die heutigen Entlebucher Sennenhunde nicht einfach als »Ableger« der Appenzeller zu betrachten sind, da zumindest eine Wurzel ihres Stammes vermutlich zu den ehemals weitverbreiteten sogenannten Bauernspitzen reicht.

Der Große Schweizer Sennenhund

Ein Großer Schweizer Sennenhund, wie man ihn sich wünscht: kraftvoll, aber nicht plump, schöne symmetrische Zeichnung und braun-roter Brand.

Hauptmerkmale

Der Große Schweizer Sennenhund ist ein kräftiger Hund, soll aber keineswegs schwerfällig wirken. Er ist stets stockhaarig, nie langhaarig, und trägt die Rute entweder hängend oder in Erregung leicht nach oben gekrümmt, aber nie geringelt oder über den Rücken geschlagen.

Von allen Sennenhunden ist der Große Schweizer der ruhigste. Er eignet sich als Wach-, Schutz-, Begleit- und Zughund.

Seiner Größe entsprechend stellt er gewisse Anforderungen an Futter und Unterkunft. Sein Platz ist auch heute noch vorwiegend der Bauernhof oder das Einfamilienhaus mit größerem Gartenauslauf. Hier ist er ein vortrefflicher Wächter und Beschützer, und wer Freude daran hat, kann ihn zum Gebrauchshund ausbilden.

Zur Rassen-geschichte

Vor 1907 kannte man ihn nicht. Die Hunde existierten freilich als Karrenhunde der Hausierer und Marktfahrer, als Hofhunde der Bauern, als Viehtreiber der Metzger, nur waren sie vermutlich selten dreifarbig. Viele wurden übrigens oft über Nacht zu »Bernhardinern« umfunktioniert, weil damals die »Bernhardinerseuche« die Hundezüchter erfaßt hatte.

Für Bernhardiner wurden, nach damaligen und heutigen Begriffen, oft horrende Preise bezahlt, und weil der »Hospizhund« und der heutige Große Schweizer Sennenhund ganz bestimmt dem gleichen Stamm entsprossen sind, wurde mancher rotweiße Bauernhund zu einem »echten Bernhardiner«, auch wenn keiner seiner Ahnen jemals das Hospiz gesehen hatte.

Im Jahre 1908 wurde ALBERT HEIM auf der Ausstellung in Langenthal ein ungewöhnlich großer und starker, kurzhaariger Berner Sennenhund vorgeführt. HEIM erkannte in ihm die Möglichkeit zu einer neuen Hunderasse und gab ihm spontan den Namen »Großer Schweizer Sennenhund«. Das war eine der Sternstunden der schweizerischen Kynologie. Hätte damals ein anderer Richter im Ring gestanden, so wäre der Hund als untypischer »Dürrbächler« wieder von der Bildfläche verschwunden, so aber wurde er zum Stammvater einer neuen Zucht.

HEIM schrieb damals in seinem Richterbericht: Ein »kurzhaariger Rüde, von gewaltigem Körperbau.« Beim Lesen dieser Zeilen denkt man unwillkürlich an einen Hund vom Ausmaß einer Deutschen Dogge oder eines heutigen Bernhardiners.

Doch die Begriffe haben sich seit 1908 in dieser Hinsicht etwas verschoben. Dieser »gewaltige Hund« war 67 cm groß; der später von FRANZ SCHERTENLEIB aufgestöberte »Barri v. Herzogenbuchsee«, der eine der Säulen der Zucht wurde, maß 65 cm.

Über die Größe wurde in der Folgezeit viel diskutiert. Die einen wollten wirklich »gewaltige Hunde«, andere zogen den kleineren Typ vor. MORITZ MAGRON schreibt in einem Brief sicher mit Recht: »Während des Zweiten Weltkrieges befehligte ich ein alpines Versuchsdetachement, worin neben Hunden anderer Rassen auch 20 ›Große‹ liefen. Am besten bewährten sich nicht

Zu den Stammvätern der Großen Schweizer Sennenhunde gehörte »Barry v. Herzogenbuchsee«. Die Farbverteilung war etwas verwaschen, die relativ kurze Rute trug er schwebend. Der Hund wurde von F. Schertenleib im Dürrbachgebiet aufgestöbert und 1909 in Langenthal ausgestellt.

die größten, sondern die mittleren Hunde, und auch unter den kleinen gab es herrliche Tiere… Je mehr wir uns vom ursprünglichen Format entfernen, desto mehr schwindet die Gebrauchstüchtigkeit.«

Verlangt wird heute vom Großen Schweizer Sennenhund eine Größe von 65–70 cm für Rüden und 60–65 cm für Hündinnen. Weil jedoch aus irgendwelchen Gründen eine Zeitlang zuviel mit kleinwüchsigen Rüden gezüchtet worden ist, erteilte die Zuchtkommission des Klubs im Jahre 1972 den Richtern die verbindliche Weisung, die Qualifikation »Vorzüglich« nur noch Hündinnen mit mindestens 63 und Rüden mit wenigstens 67 cm Widerristhöhe zuzuerkennen.

Einer der wichtigsten Zuchtrüden zu Beginn der Reinzucht wurde der schon erwähnte »Barri v. Herzogenbuchsee«. Er galt damals als das Ideal des Großen Schweizer Sennenhundes; mit seiner recht verwaschenen Fellfarbe könnte er heute freilich nicht mehr mit seinen Nachkommen konkurrieren.

Über die Abstammung der »Findlinge«, es wurden etwas über 20 ins Schweizer Hundestammbuch eingetragen, wußte man in der Regel nichts.

So war denn die Nachzucht recht uneinheitlich, es fielen große und kleine Hunde in allen möglichen Farben. Die Auslese war rigoros, der Abstammung maßen die ersten Züchter keine große Bedeutung bei, wichtig war nur, daß ein Hund ihren Vorstellungen entsprach. So wurde ein gut vererbender Rüde ohne Rücksicht auf Verwandtschaftsgrade zur Zucht eingesetzt, was zur Folge hatte, daß mit der Zeit sämtliche guten Zuchttiere miteinander verwandt waren. Trotz z.T. enger In

zucht hat die Rasse bis heute keinen Schaden genommen, weil eben nur gesunde Hunde aufgezogen und weiter zur Zucht verwendet wurden.

Der Schweizer Klub für Große Schweizer Sennenhunde führt heute eine konsequente Nachzuchtkontrolle durch. Die Ergebnisse werden in einem EDV-Programm gespeichert und sind jederzeit abrufbar. Erweisen sich ein Zuchtrüde oder eine Zuchthündin als Vererber von genetisch bedingten Krankheiten und Anomalien, so werden sie zur Weiterzucht gesperrt.

Rüden und Hündinnen werden nur zur Zucht freigegeben, wenn sie auf Hüftgelenksdysplasie und

Osteochondrosis dissecans untersucht worden sind. Bei der Ankörung muß das Röntgenattest vorgelegt werden. Entropium und Ektropium, Vorbiß und Rückbiß schließen einen Hund von der Zucht aus, ebenso erhebliche Abweichungen von der standardgerechten Zeichnung und Farbe. Ferner hat der Hund eine Wesensprüfung zu bestehen, ängstliche und aggressive Hunde werden nicht angekört.

Große Schweizer Sennenhunde finden wir heute in allen Bevölkerungskreisen; sie haben ihre Freunde unter Akademikern und unter Hilfsarbeitern. Zwinger- und Kettenhaltung sind verpönt.

Rassestandard: Großer Schweizer Sennenhund

FCI-Nr. 58/2.3   Ursprung: Schweiz

Verwendung: Ursprünglich Wach- und Zughund, heute auch Begleit-, Schutz- und Familienhund.

Klassifikation der FCI: Gruppe 2 (Pinscher und Schnauzer, Molosser und Schweizer Sennenhunde), Sektion 3 (Schweizer Sennenhunde). Ohne Arbeitsprüfung.

Kurzer geschichtlicher Überblick: Die Vorfahren des Großen Schweizer Sennenhundes sind die früher in Mitteleuropa weit verbreiteten, häufig als Metzger- oder Fleischerhunde (Mâtin) bezeichneten, starken, dreifarbigen, zuweilen auch schwarzbraunen oder gelben Hunde, die von Metzgern, Viehhändlern, Handwerkern und Bauern gerne zum Schutz, als Viehtreiber oder zum Ziehen verwendet und gezüchtet wurden.

Anläßlich der Jubiläumsausstellung zum 25jährigen Bestehen der Schweizerischen Kynologischen Gesellschaft (SKG) im Jahre 1908 in Langenthal wurden erstmals zwei solche Hunde als »kurzhaarige Berner Sennenhunde« Professor ALBERT HEIM zur Beurteilung vorgestellt. Der große Förderer der Schweizer Sennenhunde erkannte in ihnen den alten, im Verschwinden begriffenen großen Sennen- oder Metzgerhund. Sie wurden von der SKG als besondere Rasse anerkannt und als »Großer Schweizer Sennenhund« in Band 12 (1909) des Schweizerischen Hundestammbuches eingetragen.

Im Kanton Bern wurden weitere Exemplare aufgefunden, die HEIMS Beschreibung entsprachen, und der systematischen Reinzucht zugeführt. Im Januar 1912 wurde der »Klub für Große Schweizer Sennenhunde« gegründet, der fortan die Pflege und Förderung dieser Rasse übernahm. Über lange Jahre blieb die Zuchtbasis schmal, da es insbesondere schwierig war, geeignete Hündinnen aufzutreiben. Erst ab 1933 konnten jeweils jährlich mehr als 50 Hunde ins SHSB eingetragen werden. Am 5. Februar 1939 wurde der Standard erstmals von der FCI publiziert. Anerkennung und eine stärkere Verbreitung brachte der Rasse ihre Bewährung als genügsame und zuverlässige Zug- und Basthunde (Traghunde) im Dienste der Schweizer Armee während des Zweiten Weltkrieges, so daß 1945 erstmals über 100 Welpen eingetragen werden konnten und der Bestand etwa 350 bis 400 Tiere betrug.

Heute wird die Rasse auch in den umliegenden Ländern gezüchtet und ihres ruhigen und ausgeglichenen Wesens wegen vor allem als Familienhund geschätzt.

Allgemeines Erscheinungsbild: Dreifarbiger, stämmiger, starkknochiger und gut bemuskelter Hund. Trotz seiner Größe und seines Gewichtes beweist er Ausdauer und Beweglichkeit.

Wichtige Maßverhältnisse : Rumpflänge : Widerristhöhe = 10 : 9; Brusttiefe : Widerristhöhe = 1 : 2; Oberkopflänge : Länge des Nasenrückens = 1 : 1; Schädelbreite : Fangbreite = 2 : 1.

Charakter und Verhalten (Wesen): Sicher, aufmerksam, wachsam und furchtlos in Alltagssituationen, gutmütig und anhänglich mit vertrauten Personen, selbstsicher gegenüber Fremden, mittleres Temperament.

Kopf: Kopf dem Körper entsprechend kräftig, aber nicht schwer. Rüdenkopf kräftiger als der Kopf der Hündin.

Oberkopf: Flach und breit. Die am Stirnansatz beginnende Mittelfurche läuft nach oben aus.

Stop: Wenig ausgeprägt.

Gesichtsschädel

Nase: Nasenschwamm schwarz, Nasenrücken gerade, ohne Mittelfurche.

Fang: Kräftig, länger als tief, weder von oben noch von der Seite gesehen spitz.

Lefzen: Wenig ausgebildet, anliegend; Farbe schwarz.

Gebiß: Vollständiges, kräftiges und regelmäßiges Scherengebiß. Fehlen von einem PM1 oder einem PM2 (Prämolaren) toleriert. M3 (Molaren 3) bleiben unberücksichtigt.

Augen: Mandelförmig, mittelgroß, weder tiefliegend noch hervorstehend, haselnuß- bis kastanienbraun, mit aufgewecktem, freundlichem Ausdruck. Lider gut anliegend.

Ohren: Mittelgroß, dreieckig und ziemlich hoch angesetzt. In Ruhe flach anliegend, bei Aufmerksamkeit nach vorne gerichtet. Innen und außen gut behaart.

Hals: Kräftig, muskulös, eher gedrungen. Keine Wamme.

Körper

Rücken: Mäßig lang, kräftig und gerade.

Lenden: Breit und stark bemuskelt.

Kruppe: Lang und breit, in sanfter Rundung abfallend.

Brust: Kräftig, breit, bis zu den Ellenbogen reichend. Rippenkorb von rund-ovalem Querschnitt, weder flach noch tonnenförmig. Vorbrust gut entwickelt, auffallend breit.

Bauch: Bauch und Flanken wenig aufgezogen.

Rute: Ziemlich schwer, bis zum Sprunggelenk reichend; in Ruhe hängend; bei Aufmerksamkeit und in der Bewegung höher und leicht nach oben gebogen, aber niemals geringelt oder über dem Rücken gekippt getragen.

Gliedmaßen, Vorderhand

Allgemeines: Stellung eher breit, von vorne gesehen gerade und parallel.

Schultern: Schulterblatt lang, kräftig, schräggestellt, anliegend und gut bemuskelt, mit dem Oberarm einen nicht zu stumpfen Winkel bildend.

Unterarm: Starkknochig, gerade.

Vordermittelfuß: Fest, von vorne gesehen gerade, von der Seite gesehen nahezu senkrecht gestellt.

Hinterhand

Allgemeines: Stellung von hinten gesehen gerade, nicht zu eng. Hintermittelfuß und Pfoten weder ein- noch auswärts gedreht; Afterkrallen müssen entfernt werden.

Oberschenkel: Ziemlich lang, von der Seite gesehen mit dem relativ langen Unterschenkel einen deutlichen stumpfen Winkel bildend; Keulen breit, kräftig und gut bemuskelt.

Sprunggelenk: Kräftig und gut gewinkelt.

Pfoten: Kräftig, geradegerichtet, geschlossen, mit ausgeprägter Zehenwölbung und starken Krallen.

Gangwerk: Raumgreifender, gleichmäßiger Bewegungsablauf in allen Gangarten; ausgreifender freier Vortritt und guter Schub aus der Hinterhand; im Trab, von vorne und von hinten betrachtet, geradlinige Gliedmaßenführung.

Haarkleid

Beschaffenheit des Haares: Stockhaar mit dichtem, mittellangem Deckhaar und dichter, möglichst dunkelgrau bis schwarz gefärbter Unterwolle. Kurzes Deckhaar ist bei vorhandener Unterwolle zulässig.

Farbe: Grundfarbe Schwarz mit braunrotem Brand und weißen symmetrischen Abzeichen. Das Braunrot befindet sich zwischen dem Schwarz und den weißen Abzeichen an den Backen, über den Augen, an der Innenseite der Ohren, seitlich an der Brust, an allen vier Läufen und an der Unterseite der Rute. Die weißen Abzeichen befinden sich an Kopf (Blesse) und Schnauze, an Kehle und Brust (durchgehend), Pfoten und Rutenspitze. Zwischen der Blesse und den rotbraunen Abzeichen über den Augen sollte ein Streifen Schwarz verbleiben. Weißer Nackenfleck oder weißer Halsring toleriert.

Größe: Widerristhöhe Rüden: 65–72 cm; Widerristhöhe Hündinnen: 60–68 cm.

Fehler: Jede Abweichung von den vorgenannten Punkten muß als Fehler betrachtet werden, dessen Bewertung in genauem Verhältnis zum Grad der Abweichung stehen sollte.
– Starke Abweichungen von Körperproportionen und Größe.
– Gebäudefehler.
– Mangelndes Geschlechtsgepräge.
– Zu feine oder zu grobe Knochen.
– Ungenügende Bemuskelung.
– Zu schwerer oder zu leichter Kopf.
– Hängende Lefzen.
– Zu hoch, zu tief oder zu weit hinten angesetzte Ohren.
– Zangengebiß, Vor- oder Rückbiß.
– Fehlen von mehr als einem PM1 oder einem PM2.
– Entropium, Ektropium.
– Helle Augen.
– Senkrücken.
– Schlecht getragene Rute.
– Schlechte Winkelung der Vorder- oder der Hinterhand.
– Gespreizte Zehen.
– Durchscheinende gelblich-braune oder hellgraue Unterwolle.
– Zeichnungsfehler: Fehlende Kopfzeichnung. Zu breite Blesse. Weiße Fangzeichnung, die deutlich weiter als bis zu den Lefzenwinkeln reicht. Weiße Stiefel (Weiß, das höher als bis zu

den Vorder- oder Hintermittelfußgelenken reicht). Auffallend asymmetrische Zeichnung. Unreine Farben.

Ausschließende Fehler:
- Fehlende Dreifarbigkeit.
- Andersfarbiger als schwarzer Mantel.
- Blaues Auge.
- Kurzhaar mit fehlender Unterwolle.
- Langhaar.
- Schwere Wesensfehler (übermäßige Aggressivität oder Ängstlichkeit).

N.B. Rüden müssen zwei offensichtlich normal entwickelte Hoden aufweisen, welche sich vollständig im Hodensack befinden.

Große Schweizer Sennenhunde. Das Weiß der Kehle soll ohne Unterbrechung ins Weiß der Brust übergehen.

Der Berner Sennenhund (Dürrbächler)

Kraftvoll und respekt-gebietend soll ein kor-rekt gebauter Berner Sennenhund sein. Doch trotz der Haar-fülle soll er nicht plump wirken.

Hauptmerk-male

Der Berner Sennenhund ist die at-traktivste Gestalt unter den Sennen-hunden und der einzige, der ein schlichtes bis leicht gewelltes Lang-haar trägt, das besonders am Hals als mehr oder weniger stark ausge-prägte »Mähne« und als »Hosen« an den Hinterschenkeln recht üppig ist. Das Gesicht des Berner Sennen-hundes ist im Gegensatz dazu jedoch stets kurz behaart.

Die buschige Rute trägt er hän-gend oder leicht angehoben, aber nie geringelt.

Er ist von ruhigem, freundlichem Wesen, wachsam, aber kein unnüt-zer Beller, ein guter Wach-, Schutz-und Begleithund, den man heute re-lativ häufig auf den Übungsplätzen der kynologischen Vereine antrifft, wo er als Schutz- und Sanitätshund gute Arbeit leistet.

Sein oft recht üppiges Fell erfor-dert eine gewisse Pflege; Berner Sen-nenhunde mit verfilzten »Hosen« und Filzzotteln hinter den Ohren und unten am Bauch sind keine Zierde für ihre Besitzer.

Schöne Berner Sennenhunde gibt es heute auch in Kanada.

gen, dann war's ein »Ringgi«, ein Hund mit breiter Blesse über Nasenrücken und Stirn war ein »Bläss«, und war die Blesse nur durch einen Strich angedeutet oder fehlte sie ganz, dann war's ein »Bäri«.

Im Emmental hieß er auch »Gelbbäckler« oder, wegen seiner charakteristischen gelben Flecken über den Augen, »Vieräugler«. Die heute vorherrschende schwarze Farbe mag eher selten gewesen sein, noch heute sagt man im bernischen Oberaargau, wenn man häufiges Vorkommen illustrieren will: »S'het me dervo weder rot Hüng« (»Es gibt davon mehr als rote Hunde«), obschon auch hier heute kaum mehr rote Bauernhunde zu sehen sind.

Der Berner Sennenhund war der Hofwächter, der Käsereihund, der Treibhund des Viehhändlers und Metzgers und, nur so nebenbei, der »Renommierhund« des Bauernburschen, wenn er, als schwacher Abglanz seiner Tätigkeit als Kriegshund der Eidgenossen (z.B. bei Laupen oder bei Murten), von sich aus bei Kilbi- und Märitschlägereien zugunsten seines Herrn eingriff (J. GOTTHELF, »Michels Brautschau«).

So war dieser Hund wohl überall im bernischen Mittelland, im Emmental und im Voralpengebiet verbreitet. Sein Äußeres war zwar nicht so einheitlich wie heute, aber eine gewisse Einheit in bezug auf Charakter, Größe und vielleicht auch Zeichnung war schon vorhanden.

Der endgültige Zusammenbruch des »Ancien régime« in den dreißiger Jahren räumte, wie mit so vielem Althergebrachtem, z.T. auch mit den einheimischen Hunden auf.

Zur Rassengeschichte

Der Rassenname ist relativ jung. Der berühmte Schilderer bernischen Volkstums und Bauernlebens im 19. Jh., JEREMIAS GOTTHELF, weiland Pfarrer im Emmentaler Dorf Lützelflüh, kannte ihn nicht.

Seine Fellzeichnung gab dem Hund damals den Namen. Trug er einen ausgeprägten weißen Halskra-

In England und in Deutschland begann man, Hunde stammbuchmäßig und nach bestimmten Rassekennzeichen (Standard) wie edle Pferde zu züchten, man organisierte Hundeausstellungen und erzielte für gute, rassenreine Hunde ansehnliche Preise. Daß auch die einheimischen Bauern- und Metzgerhunde »Rassen« sein könnten, daran dachte man erst reichlich spät.

Auch bei der Gründung der Schweizerischen Kynologischen Gesellschaft im Jahre 1883 redete noch niemand von den Sennenhunden, und auf den ersten Hundeausstellungen in Zürich und Aarburg waren noch keine Sennenhunde zu sehen.

Doch auf den Bauernhöfen und vor allem in den abgelegenen Tälern waren die alten »Gelbbäckler« noch zu Hause, und in letzter Minute erwuchs ihnen im bekannten Geologen Prof. Dr. ALBERT HEIM ein prominenter Förderer.

Die Geschichte des Berner Sennenhundes als Rassehund begann, als der Wirt FRANZ SCHERTENLEIB von der Rothöhe bei Burgdorf einen »Gelbbäckler« aus dem Dürrbachgebiet nach Burgdorf brachte. Damit war auch schon der noch heute im Kanton Bern gebräuchliche Name »Dürrbächler« geboren.

In der Folgezeit brachte SCHERTENLEIB noch mehrere solcher Hunde nach Burgdorf, und 1902 erschienen zum erstenmal sieben Dürrbächler auf der Hundeausstellung in Bern. 1907 erfolgte die Gründung des »Schweizer Dürr-

Ein schöner, stämmiger Berner Sennenhund, so wie man ihn sich wünscht.

bachklubs«, und ein Jahr später wurden auf der Hundeausstellung in Langenthal dem Richter ALBERT HEIM bereits 21 Dürrbächler vorgestellt.

Es war HEIM, der dann die Umbenennung in »Berner Sennenhund« vorschlug. Damit erhielt der alte Bauernhund einen wohlklingenden Namen, und schon 1910 erschienen auf einer Zuchtschau in Burgdorf 107 Hunde, wovon allerdings eine ganze Anzahl absolut untypisch und für die Weiterzucht wertlos war. »Es war jedoch«, schreibt HEIM in seinem Richterbericht, »als hätte man im Oberaargau und Emmental einen verlorenen Sohn wiedergefunden«.

Der eigentliche Begründer der Zucht war dann jedoch nicht SCHERTENLEIB, sondern der Fabrikant MAX SCHAFROTH in Burgdorf, später auch der Tierarzt Dr. SCHEIDEGGER in Langenthal.

Der schöne Bauernhund hat unterdessen einen wahren Siegeszug durch ganz Europa angetreten und wird heute auch in den USA gezüchtet.

Rassestandard: Berner Sennenhund (Dürrbächler)

FCI-Nr. 45/2.3   Ursprung: Schweiz

Verwendung: Ursprünglich Wach-, Treib- und Zughund auf Bauernhöfen, heute auch Familien- und vielseitiger Arbeitshund.

Klassifikation FCI: Gruppe II, Sektion 3, Schweizer Sennenhunde, ohne Arbeitsprüfung.

Kurzer geschichtlicher Überblick: Der Berner Sennenhund ist ein Bauernhund alter Herkunft, der in den Voralpengebieten und Teilen des Mittellandes in der Umgebung von Bern als Wach-, Zug- und Treibhund gehalten wurde. Nach dem Weiler und Gasthaus Dürrbach bei Riggisberg, wo dieser langhaarige, dreifarbige Hofhund besonders häufig vorkam, erhielt er seinen ursprünglichen Namen: »Dürrbächler«.

Nachdem 1902, 1904 und 1907 bereits solche Hunde an Hundeausstellungen gezeigt worden waren, schlossen sich im November 1907 einige Hundezüchter aus Burgdorf zusammen, um die Rasse rein zu züchten. Sie gründeten den »Schweizerischen Dürrbach-Klub« und stellten Rassekennzeichen auf. 1910 wurden an einer Hundeschau in Burgdorf, zu der viele Bauern der Umgebung ihre Dürrbächlerhunde brachten, bereits 107 Tiere vorgeführt.

Von da an erwarb sich die Rasse, in Anlehnung an die anderen Schweizer Sennenhunde nun »Berner Sennenhund« genannt, rasch Freunde in der ganzen Schweiz und bald auch im benachbarten Deutschland. Heute ist der Berner Sennenhund dank seiner attraktiven Dreifarbigkeit und seiner Anpassungsfähigkeit weltweit als Familienhund bekannt und beliebt.

Allgemeines Erscheinungsbild: Langhaariger, dreifarbiger, übermittelgroßer, kräftiger und beweglicher Gebrauchshund mit stämmigen Gliedmaßen; harmonisch und ausgewogen.

Wichtiges Maßverhältnis (Format): Verhältnis der Widerristhöhe zur Körperlänge ca. 9 : 10; eher gedrungen als lang.

Charakter und Verhalten (Wesen): Sicher, aufmerksam, wachsam und furchtlos in Alltagssituationen, gutmütig und anhänglich im Umgang mit vertrauten Personen, selbstsicher und freundlich gegenüber Fremden; mittleres Temperament, gute Führigkeit.

Kopf: Kräftig; Oberkopf im Profil und von vorn gesehen wenig gewölbt; ausgeprägter, jedoch nicht zu starker Stirnansatz (Stop), wenig ausgebildete Mittelfurche; kräftiger, mittellanger, gerader Fang.

Nasenspiegel: Schwarz.

Lefzen: Wenig ausgebildet und anliegend, schwarz.

Gebiß: Vollständiges, kräftiges Scherengebiß.

Augen: Dunkelbraun, mandelförmig, mit gut anliegenden Lidern.

Ohren (Behang): Dreieckig, leicht abgerundet, hoch angesetzt, mittelgroß, in der Ruhe flach anliegend.

Hals: Kräftig, muskulös, mittellang.

Körper: Kräftig, kompakt.

Brust: Bis auf Ellenbogenhöhe reichend, breit, mit deutlicher Vorbrust; Rippenkorb von breitovalem Querschnitt.

Rücken: Fest und gerade.

Lendenpartie: Breit und kräftig.

Kruppe: Sanft abgerundet.

Bauch: Nicht aufgezogen.

Rute: Buschig, mindestens bis zum Sprunggelenk reichend, in Ruhestellung hängend, in Bewegung schwebend auf Rückenhöhe oder leicht darüber getragen.

Gliedmaßen, Vorderhand:

Allgemeines: Stellung eher breit, von vorne gesehen gerade und parallel.

Schultern: Lang, kräftig, schräggestellt, mit dem Oberarm einen nicht zu stumpfen Winkel bildend, anliegend und gut bemuskelt.

Vordermittelfüße: Nahezu senkrecht stehend, fest.

Pfoten: Kurz, rundlich und geschlossen; Zehen gut gewölbt.

Hinterhand:

Allgemeines: Stellung von hinten gesehen gerade, nicht zu eng, Hintermittelfüße und Pfoten weder ein- noch auswärts gedreht; Afterkrallen müssen entfernt sein.

Oberschenkel: Ziemlich lang, von der Seite gesehen mit dem Unterschenkel einen deutlichen Winkel bildend, breit, kräftig und gut bemuskelt.

Sprunggelenke: Kräftig und gut gewinkelt.

Gangwerk: Raumgreifender, gleichmäßiger Bewegungsablauf in allen Gangarten; ausgreifender, freier Vortritt und guter Schub aus der Hinterhand; im Trab von vorn und von hinten betrachtet geradlinige Gliedmaßenführung.

Haarkleid

Beschaffenheit des Haares: Lang, schlicht oder leicht gewellt.

Farbe des Haares: Tiefschwarze Grundfarbe mit sattem braunrotem Brand an den Backen, über den Augen, an allen vier Läufen und auf der Brust und mit weißen Abzeichen wie folgt:

Saubere weiße symmetrische Kopfzeichnung: Blesse, die sich gegen die Nase hin beidseitig zur weißen Fangzeichnung verbreitert. Die Blesse sollte nicht bis an die Überaugenflecken und die weiße Fangzeichnung höchstens bis zu den Lefzenwinkeln reichen. Weiße, mäßig breite, durchgehende Kehl- und Brustzeichnung. Erwünscht: Weiße Pfoten, weiße Rutenspitze. Toleriert: kleiner weißer Nasenfleck, kleiner weißer Afterfleck.

Größe: Rüden 64–70 cm Widerristhöhe, ideal 66 bis 68 cm; Hündinnen 58–66 cm Widerristhöhe, ideal 60 bis 63 cm.

Fehler: Jede Abweichung von den vorgenannten Punkten ist als Fehler anzusehen. Dessen Bewertung muß im Verhältnis zum Grad der Abweichung stehen und mit berücksichtigen, inwieweit Wesentliches beeinträchtigt ist:
- Feiner Knochenbau.
- Vorbiß- und Rückbiß.
- Fehlen von anderen Zähnen als höchstens zwei PM1 (Prämolaren); die M3 bleiben unberücksichtigt.
- Entropium, Ektropium.
- Senkrücken, überbaute Kruppe, abfallende Rückenlinie.
- Ringelrute, Knickrute.
- Ausgeprägtes Kraushaar.
- Zeichnungs- und Farbfehler: Fehlende weiße Kopfzeichnung. Zu breite Blesse und/oder weiße Fangzeichnung, die deutlich über die Lefzenwinkel hinausreicht. Großer weißer Nackenfleck. Weißer Halskragen. Weiß an den Vorderläufen, das deutlich über die Mitte des Mittelfußes hinaufreicht (Stiefel). Störend asymmetrische Zeichnung an Kopf und Brust. Schwarze Flecken und Streifen im Brustweiß. Unsauberes Weiß (starke Pigmentflecken). Braun- oder Rotstich der schwarzen Grundfarbe.
- Wesensschwäche, Aggressivität.

Von der Bewertung ausschließende Fehler:
- Spaltnase.
- Blaues Auge, Birkauge.
- Kurz- oder Stockhaar.
- Fehlende Dreifarbigkeit.
- Andersfarbiger als schwarzer Mantel.

N.B. Rüden müssen zwei offensichtlich normal entwickelte Hoden aufweisen, die sich vollständig im Skrotum befinden.

7

Der Appenzeller Sennenhund

Stämmiger, korrekt gebauter brauner Appenzeller Sennenhund. Die recht offene Hinterhandwinkelung ist bei dieser Rasse kein Fehler.

Hauptmerkmale

Von allen anderen Sennenhunden unterscheidet sich der Appenzeller Sennenhund durch seine »Posthornrute«, die der kecke und temperamentvolle Hund geringelt seitlich auf der Kruppe trägt.

Mit einer Widerristhöhe zwischen 48 und 58 cm ist er wesentlich kleiner als der Große Schweizer Sennenhund, deshalb viel beweglicher, aber auch viel bewegungsfreudiger, vor allem aber auch viel bellfreudiger.

Noch heute wird er auf dem Lande als Viehtreiber eingesetzt. Hier ist der »Bläss« in seinem Element.

Immer häufiger wird er auch in nichtbäuerlichen Kreisen als angenehmer Haus- und Begleithund gehalten. Als sehr gelehriger Hund mit viel Temperament läßt er sich leicht zu verschiedenen Tätigkeiten einsetzen; man trifft ihn auf den Übungsplätzen der kynologischen Vereine, und auch als Katastrophenhund hat er sich bei Einsätzen in Erdbebengebieten bestens bewährt.

Viele Appenzeller Sennenhunde neigen im Alter zu Fettleibigkeit und Senkrücken. Letzterer wird durch die häufig überbaute Hinterhand noch betont. Das Kreuzbein liegt bei dieser Rasse durchschnittlich um 1–2 cm höher als der Widerrist. Das ergibt, zusammen mit einer meistens sehr offenen Knie- und Fersengelenkwinkelung, zwangsläufig eine leicht überbaute Hinterhand.

Dagegen ist er von allen Sennenhunden am wenigsten von Hüftgelenksdysplasie betroffen.

Zur Rassengeschichte

Einen ersten Hinweis auf den Treibhund in den Schweizer Alpen erhalten wir in FRIEDRICH V. TSCHUDIS berühmtem Buch »Das Thierleben der Alpenwelt«, das 1853 erschien und viele Auflagen erlebt hat.

Im Kapitel »Hunde im Gebirge« erwähnt er einen »hell bellenden, kurzhaarigen, mittelgroßen, vielfarbigen Sennenhund, der strichweise in ganz regelmäßigem, spitzartigem Schlag, theils zum Zusammentreiben der Herden, theils zur Hut der Hütte vorzufinden ist«. Als sich die Kynologie um die Jahrhundertwende um die Sennenhunde ernsthaft zu kümmern begann, war der Appenzeller »Trybhond« von allen weitaus am zahlreichsten vorhanden.

STREBEL widmete ihm in seinem 1904 erschienenen Buch ein ausführliches Kapitel, das so beginnt: »Verschiedene Jahre sind verflossen, da mein verstorbener Freund SIBER und ich hinauszogen ins Appenzeller Ländle, um die Hunde an Ort und Stelle zu studieren. Es war einer jener großen Markttage, an dem alles von der Umgebung nach Appenzell strömt. Die Gelegenheit war günstig gewählt, denn wir sahen annähernd 30 bis 40 Hunde, die ihre Herren teils so, teils als Viehtreiber begleitet hatten. Die Hunde waren sehr ausgeglichen, und man merkte

Am Beginn der Reinzucht des Appenzeller Sennenhundes stehen drei Rüden: »Frisch v. Brülisau«, »Frisch v.d. Sitter« und der rechts abgebildete »Blitz v. Rinkenbach«.

Eine wichtige Zuchthündin war »Flora v. Claux«, eine Tochter der »Diana v. Säntis« (ganz rechts).

*Frei von allen anato-
mischen Übertreibun-
gen, ist der Appenzeller
Sennenhund bis heute
ein beweglicher Vieh-
treiber geblieben. Sein
Markenzeichen ist die
Ringelrute.*

auf den ersten Blick, daß es eine durchgezüchtete Rasse war.

Da es sich hierbei um instinktive Zucht auf Eigenschaften und Gebrauchsfähigkeiten hin handelt, so war das Gebäude fast durchweg sehr gut, ebenso trat der Charakter, der in absoluter Folgsamkeit und Unbestechlichkeit gipfelt, bei allen sehr deutlich in Erscheinung. Auffallend waren die vielen Kastraten. Ich befragte verschiedene Besitzer, deren übereinstimmende Antwort lautete: ›Damit sie besser beim Hause bleiben und – weil sie fetter werden.‹ Das letztere war mir unverständlich, ich erlaubte mir eine weitere Frage, wobei sich herausstellte, daß die Hunde oft gegessen werden.« (Bis in unsere Tage hat sich der Glaube erhalten, Hundeschmalz sei ein gutes Heilmittel gegen die »Schwindsucht«.)

STREBEL und MAX SIBER (einer der Begründer der Schweizerischen Kynologischen Gesellschaft) regten an, man möge Preise für die besten Hunde aussetzen und so rasch wie möglich mit der Reinzucht begin-

nen, aber vorerst wollte sich niemand dieser hübschen Hunde annehmen.

Doch 1898 stellte die St. Galler Regierung einen Betrag von SFr 400,– zur Verfügung, damit in der Angelegenheit »Appenzeller Trybhond« endlich etwas geschehe. Hierauf bereiste eine Kommission die großen Viehmärkte im Appenzeller Land und St. Galler Rheintal und hielt Ausschau nach guten Hunden.

Gleich beim ersten Anlauf fanden sie auf dem Jahrmarkt von Altstätten 30 Hunde, die als »Appenzeller« gelten konnten, viele waren jedoch kastriert. Immerhin konnten neun Rüden und sieben Hündinnen mit Prämien von SFr 5,– bis SFr 20,– ausgezeichnet werden.

Damit war das Interesse der Bauern geweckt, denn daß nun Prämien winkten, hatte sie von der Richtigkeit der Reinzucht überzeugt. Doch die Begeisterung erwies sich als Strohfeuer. Mit dem unerwarteten Tode SIBERs im Jahre 1899 erlosch die Reinzucht, und bald redete nie-

mand mehr vom Appenzeller Sennenhund.

Doch nun nahm sich wieder einmal mehr Prof. ALBERT HEIM der Sache an. Seine Begeisterung für den Hund, den er anläßlich seiner geologischen Untersuchungen im Säntisgebiet kennengelernt hatte, wirkte ansteckend auf den Schlachthausverwalter J. GMÜNDER aus St. Gallen. 1906 gründete dieser in St. Gallen den »Appenzeller Sennenhunde Club«.

Die Leute steckten die Köpfe zusammen, und hinter vorgehaltener Hand diskutierte man über GMÜNDERS Geisteszustand, denn wer einen »Hundeklub« gründete, der konnte doch kaum mehr richtig im Kopfe sein!

GMÜNDER ließ sich jedoch nicht beirren und wich vom einmal gesteckten Ziele nicht ab. HEIM stellte 1914 einen Standard auf; man schuf ein Zuchtbuch für Appenzeller Sennenhunde und trennte gute von schlechten. Die Reinzucht baute im wesentlichen auf 11 Hunden auf, auf die fast alle heutigen »Appenzeller« zurückgehen.

Neben der Vereinheitlichung von Größe, Farbe und Zeichnung wurde von Anfang an großer Wert auf Gebrauchstüchtigkeit gelegt. Der Appenzeller Sennenhund war ein Treibhund und sollte ein Treibhund bleiben.

Auch heute noch werden in der Schweiz die Appenzeller Sennenhunde hauptsächlich von Landwirten gezüchtet, in Deutschland und in Holland dagegen liegt die Zucht vorwiegend in den Händen nichtbäuerlicher Kreise. Seine Freunde finden wir in allen Bevölkerungskreisen; doch ist der Appenzeller Sennenhund nach wie vor kein »Stubenhund«. Er braucht Beschäftigung und muß seinen Bewegungsdrang abreagieren können.

Rassestandard: Appenzeller Sennenhund

FCI-Nr. 46/2.3   Ursprung: Schweiz

Verwendung: Treib-, Hüte-, Wach-, Haus- und Hofhund. Heute auch vielseitiger Arbeits- und Familienhund.

Klassifikation FCI: Gruppe 2 (Pinscher und Schnauzer-Molosser und Schweizer Sennenhunde), Sektion 3 (Schweizer Sennenhunde). Ohne Arbeitsprüfung.

Kurzer geschichtlicher Überblick: 1853 wird im »Tierleben der Alpenwelt« erstmals ein Appenzeller Sennenhund als ein »hell bellender, kurzhaariger, mittelgroßer, vielfarbiger Sennenhund« beschrieben, der »strichweise in ganz regelmäßigem, spitzartigem Schlag, teils zur Hut der Hütte, teils zum Zusammentreiben der Herde vorzufinden ist«. 1898 wurde der Appenzeller Sennenhund als eigenständige Rasse bezeichnet. Der erste Rassestandard wurde unter Mitwirkung des großen Förderers, Forstmeister MAX SIBER, festgelegt, und die Rasse wurde mit 8 Hunden an der ersten internationalen Hundeausstellung in Winterthur vorgestellt. Dank der Anregung von Prof. Dr. ALBERT HEIM, der sich sehr engagiert der Schweizer Sennenhunde und damit auch des »Appenzellers« annahm, wurde 1906 der »Appenzeller Sennenhunde Club« mit dem Zweck gegründet, die Rasse in ihrer Natürlichkeit zu erhalten und zu fördern. Mit der obligatorischen Eintragung der Welpen in das »Appenzeller Hundestammbuch« begann die gezielte Reinzucht.

Das ursprüngliche Zuchtgebiet war das Appenzellerland; heute wird die Rasse über die ganze Schweiz verteilt und über die Landesgrenzen hinaus in vielen Ländern gezüchtet. Der Begriff »Appenzeller Sennenhund« ist heute klar umrissen und die Rasse als solche von den übrigen Schweizer Sennenhunden eindeutig abgegrenzt. Obschon der Appenzeller Sennenhund viele Liebhaber gefunden hat, ist die Zuchtbasis immer noch sehr klein. Nur durch verantwortungsbewußtes und aufmerksames Züchten wird es möglich sein, die natürlichen und hervorragenden Erbanlagen zu vertiefen und zu festigen.

Allgemeines Erscheinungsbild: Dreifarbiger, mittelgroßer, fast quadratisch gebauter Hund, in allen Teilen harmonisch ausgeglichen, muskulös, mit pfiffigem Gesichtsausdruck.

Wichtige Maßverhältnisse: Widerristhöhe zu Körperlänge = 9 : 10, eher gedrungen als lang; Fanglänge zum Oberkopf = 4 : 5.

Verhalten und Charakter (Wesen): Lebhaft, temperamentvoll, selbstsicher und furchtlos. Leicht mißtrauisch gegenüber Fremden; unbestechlicher Wächter; freudig, lernfähig.

Kopf: Harmonisches Größenverhältnis zum Körper, leicht keilförmig.

Oberkopf: Ziemlich flach, am breitesten zwischen den Ohren, zum Fang hin sich gleichmäßig verjüngend. Hinterhauptbeinhöcker sehr wenig ausgeprägt. Stirnfurche mäßig ausgebildet. Stirnabsatz (Stop) wenig ausgeprägt. Backen kaum ausgeprägt.

Fang: Mittelkräftig, gleichmäßig sich verjüngend, mit kräftigem Unterkiefer. Nasenrücken gerade.

Nase: Beim schwarzen Hund schwarz; beim havannabraunen Hund braun (möglichst dunkel).

Lefzen: Trocken und anliegend, beim schwarzen Hund schwarz, beim havannabraunen Hund braun (möglichst dunkel) pigmentiert.

Gebiß: Kräftiges, vollständiges und regelmäßiges Scherengebiß; Zangengebiß toleriert. Ein fehlender oder doppelte PM1 (Prämolaren 1) und das Fehlen der M3 (Molaren 3) toleriert.

Auge: Ziemlich klein, mandelförmig, nicht vorstehend, etwas schräg gegen die Nase gestellt. Ausdruck lebhaft. Farbe: beim schwarzen Hund dunkelbraun, braun; beim havannabraunen Hund helleres Braun, aber so dunkel wie möglich.

Augenlider: gut anliegend, beim schwarzen Hund schwarz, beim havannabraunen Hund braun (möglichst dunkel) pigmentiert.

Ohren: Ziemlich hoch und breit angesetzt, hängend, in Ruhestellung flach und an den Backen anliegend getragen; dreieckig, an der Spitze leicht abgerundet. Bei Aufmerksamkeit am Ansatz angehoben und nach vorne gedreht, so daß, von vorne und oben gesehen, der Kopf mit den Ohren ein auffälliges Dreieck bildet.

Hals: Mittellang, kräftig, trocken.

Körper: Kräftig, kompakt.

Rücken: Mäßig lang, fest und gerade.

Kruppe: Kurz, in Fortsetzung der Rückenlinie gerade verlaufend.

Brust: Breit, tief, bis zu den Ellenbogen reichend, mit deutlicher Vorbrust. Brustbein genügend weit nach hinten reichend. Rippenkorb von rund-ovalem Querschnitt.

Lendenpartie: Kurz und gut bemuskelt.

Bauch: Nur wenig aufgezogen.

Rute: Hoch angesetzt, kräftig, von mittlerer Länge, dicht behaart, Haare an der Unterseite etwas länger. In der Bewegung eng über die Kruppe gerollt, seitlich oder in der Mitte getragen.

Gliedmaßen: Kräftiger Knochenbau.

Vorderhand

Allgemeines: Gut bemuskelt, Stellung von vorne gesehen gerade und parallel, nicht zu eng.

Schulter: Schulterblatt lang und schräg liegend.

Oberarm: Gleichlang oder nur wenig kürzer als Schulterblatt. Winkel zum Schulterblatt nicht zu stumpf. Ellenbogen gut anliegend.

Unterarm: Gerade, trocken.

Vordermittelfuß: Von vorne gesehen in geradliniger Fortsetzung des Unterarms; von der Seite gesehen ganz leicht abgewinkelt.

Pfoten: Kurz, gewölbt und geschlossen.

Hinterhand

Allgemeines: Gut bemuskelt, Stellung von hinten gesehen gerade und parallel, nicht zu eng.

Oberschenkel: Ziemlich lang, zum Unterschenkel hin einen offenen Winkel bildend, in Harmonie mit der Winkelung der Vorderhand.

Unterschenkel: Etwa gleich lang oder nur wenig kürzer als der Oberschenkel. Winkel zum Oberschenkel nicht zu stumpf. Trocken und gut bemuskelt.

Sprunggelenk: Relativ hoch angesetzt.

Hintermittelfuß: Senkrecht und parallel gestellt, weder ein- noch ausgedreht. Afterkrallen müssen entfernt sein.

Pfoten: Kurz, gewölbt und geschlossen.

Gangwerk: Kräftiger Schub, weiter Vortritt. Im Trab, von vorne und von hinten gesehen, geradlinige Gliedmaßenführung.

Haarkleid: Stockhaar, fest und anliegend.

Beschaffenheit des Haares: Deckhaar dicht und glänzend. Unterwolle dicht, schwarz, braun oder grau; Durchscheinen der Unterwolle unerwünscht. Leicht gewelltes Haar nur auf Widerrist und Rücken toleriert, aber unerwünscht.

Farbe und Zeichnung: Grundfarbe Schwarz oder Havannabraun, mit symmetrischen rostbraunen und weißen Abzeichen. Kleine rostbraune Abzeichen (Flecken) über den Augen. Rostbraune Abzeichen an den Backen, an der Brust (links und rechts, im Bereich des Schulter-Oberarm-Gelenkes) und an den Läufen, wobei das Rostbraun stets zwischen Schwarz bzw. Havannabraun und Weiß liegen muß. Weiße Abzeichen: gut sichtbare weiße Blesse, die vom Oberkopf ohne Unterbrechung über den Nasenrücken zieht und die Schnauze ganz oder teilweise umfassen kann. Weiß vom Kinn über Kehle ohne Unterbrechung bis zur Brust. Weiß an allen vier Pfoten. Weiß an der Rutenspitze. Weißer Nackenfleck oder halber Halsring toleriert. Durchgehender dünner weißer Halsring zwar toleriert, aber nicht erwünscht.

Größe: Widerristhöhe Rüde: 52–56 cm, Toleranz 50–58 cm; Hündinnen: 50–54 cm, Toleranz 48–56 cm.

Fehler: Jede Abweichung von den vorgenannten Punkten ist als Fehler anzusehen. Dessen Bewertung muß im Verhältnis zum Grad der Abweichung stehen und mit berücksichtigen, inwieweit Wesentliches beeinträchtigt ist.

- Mangelndes Geschlechtsgepräge.
- Unter- und Übergröße (bezüglich Toleranzangaben).
- Sehr langes oder unharmonisches Gebäude.
- Sehr schwerer oder sehr leichter Kopf.
- Runder Oberkopf.
- Zu stark ausgeprägter Stop.
- Zu lange, zu kurze, dünne, spitze Schnauze; Ramsnase.
- Zu stark ausgebildete Lefzen.

- Fehlen von mehr als einem PM1 (Prämolar 1).
- Vor- und Rückbiß.
- Zu stark vortretende Backen.
- Runde, hervorstehende oder zu helle Augen.
- Entropium, Ektropium.
- Zu kleine, zu große, abstehende, zu hoch resp. zu tief angesetzte Ohren.
- Senkrücken, Karpfenrücken, überbaute Kruppe.
- Aufgezogener Bauch.
- Flacher oder zu tonnenförmiger Brustkorb, fehlende Vorbrust, zu kurzes Brustbein.
- Weiche Vorderfußwurzelgelenke.
- Länglich-ovale Pfoten (Hasenpfoten), gespreizte Zehen.
- Ausgedrehte Ellenbogen.
- Ungenügende Winkelung der Vorder- und/oder der Hinterhand.
- Kuhhessigkeit.
- Sichelrute.
- Unkorrekter Bewegungsablauf, z.B. kurztrittig-stelzend, bodeneng, überkreuzend usw.
- Zeichnungsfehler: schwarze Tupfen im Weiß, unterbrochene Blesse, durchgehender breiter weißer Halsring, unterteiltes Weiß an der Brust, deutlich über die Vorderfußwurzel reichendes Weiß (Stiefel), fehlendes Weiß an den Pfoten und an der Rutenspitze.
- Wesensschwäche, Temperamentlosigkeit, Aggressivität.

Von der Bewertung ausschließende Fehler:
- Blaues Auge, Birkauge.
- Eindeutige Hängerute, Knickrute.
- Andere Haarart als Stockhaar.
- Fehlende Dreifarbigkeit.
- Andersfarbig als schwarz resp. havannabraun.

N.B.: Rüden müssen zwei offensichtlich normal entwickelte Hoden aufweisen, die sich vollständig im Skrotum befinden.

Der Entlebucher Sennenhund

Ein leicht durchhängender Rücken ist beim Entlebucher Sennenhund ein recht häufiger Fehler.

Hauptmerkmale

Der Entlebucher Sennenhund ist ein flinker Hund mit einem klugen Gesichtsausdruck, ein passionierter Viehtreiber und Viehhüter, dazu ein vorzüglicher Wach- und Begleithund.

Neuen Auftrieb hat seine Zucht in den letzten Jahren dadurch erhalten, daß er seine vorzügliche Eignung als Gebrauchshund unter Beweis gestellt hat. Ein Entlebucher läßt sich mit Leichtigkeit zum Schutz-, Lawinen-, Sanitäts- und Katastrophenhund ausbilden. Er ist ein ausgezeichneter Spurenhund, und das Bewachen von Gegenständen liegt ihm ohnehin im Blut.

Ein wichtiges Unterscheidungsmerkmal gegenüber den anderen Sennenhund-Rassen ist seine Stummelrute. Ob sie weiterhin als Rassenmerkmal verlangt werden darf, ist fraglich, verbietet doch die Europakonvention zum Schutz der Heimtiere das Kupieren der Ruten bei Hunden.

Die Stummel-rute

Nichtkenner der Sennenhunde erkennen den Entlebucher leicht an der Stummelrute. Schon E. BAUER erwähnte, daß dem »Schärlig« die Rute kupiert würde, denn unter den Sennen auf den abgelegenen Alpen hielt sich hartnäckig der Glaube, der Sitz der Tollwut sei beim Hund die Schwanzspitze; beiße (!) man ihm den Schwanz ab, so werde er nicht von der gefährlichen Seuche befallen!

Im alten Standard für den Entlebucher Sennenhund steht kurz und bündig: »angeborene Stummelrute«. Das ist eine jener berühmten Standardbestimmungen, die, näher betrachtet, reiner Unsinn sind. Würde sie konsequent beachtet, so wäre dies vermutlich der Untergang der Rasse.

Bereits 1889 ist eine erste Abhandlung über die angeborene Kurzschwänzigkeit bei Hunden erschienen. Sie ist noch heute lesenswert. Der Verfasser, R. BONNET, weist darin nach, daß die kurze Rute nicht etwa durch eine Verkürzung der einzelnen Schwanzwirbel entsteht, sondern durch eine Reduktion der Wirbelzahl, die vom Verlust des äußersten Wirbels bis zur völligen Schwanzlosigkeit reichen kann. Dabei sind die verbleibenden Schwanzwirbel häufig noch deformiert.

Bereits BONNET ist aufgefallen, daß die stummelschwänzig geborenen Welpen häufig kleiner sind als ihre normalschwänzigen Geschwister und oft eine geringere Überlebenschance haben; eine Tatsache, die auch heute noch jedem Entlebucher-Züchter geläufig ist.

Stummelschwänzigkeit ist eine erblich fixierte Deformation der Wirbelsäule und steht selten für sich allein. Über dieses Problem sind seit BONNET viele Arbeiten erschienen, und allgemein herrscht heute die Ansicht vor, Stummelschwänzigkeit werde durch mehrere Erbfaktoren verursacht.

In reinerbiger (homozygoter) Anlage sei sie als Letalfaktor zu betrachten (unter Letalfaktor versteht man Erbanlagen, die, wenn sie reinerbig auftreten, den Fötus absterben oder nicht lebensfähig zur Welt kommen lassen. Subletale Faktoren sind Erbanlagen, die, wenn reinerbig angelegt, schwere Mißbildungen verursachen, die das Tier in seiner Lebensfähigkeit stark einschränken, z.B. Blind- und Taubheit bei Hunden mit homozygotem Blue-merle-Faktor), so daß alle stummelschwänzigen Hunde, soweit sie überleben, mischerbig (heterozygot) sein müssen.

Die unsinnige Standardbestimmung wird deshalb von den Entlebucher-Züchtern vernünftigerweise nicht beachtet.

Von 420 in einer Umfrage von mir erfaßten Welpen wurden 134 mit Stummelschwanz geboren, vollständiges Fehlen der Rute wurde viermal festgestellt; alle vier gingen kurz nach der Geburt ein. Leider kann die Zahl der totgeborenen stummelschwänzigen Welpen nicht erfaßt werden, weil die Züchter darüber nicht Buch führen; nach mündlichen Aussagen sind es jedoch relativ viele.

*Entlebucher Sennen-
hund. Die weiße Farbe
soll vom Kinn ohne
Unterbrechung bis zur
Brust reichen.*

Was schon BONNET 1889 feststell-
te, gilt auch heute noch: Die Hunde
mit angeborenem Stummelschwanz
sind in der Regel zwei bis drei cm
kleiner als die kupierten Hunde,
auch sind die langschwänzigen Welpen frohwüchsiger als die stummelschwänzigen.

Die Stummelrute ist offensichtlich dominant oder unvollkommen
dominant gegenüber der Lang-
schwänzigkeit. Alle Züchter bestätigen, daß eine Paarung von Eltern
mit angeborener Stummelrute auch
langschwänzige Welpen ergeben
kann, ebenso können bei einer Paarung Langschwanz x Langschwanz
auch stummelschwänzige Welpen
fallen.

Es ist freilich schwer, zu entschei-
den, was der Züchter noch als Lang-
und was er bereits als Stummelschwanz betrachtet. Der Verlust der
Wirbelzahl ist nicht konstant, sondern geht, wie bereits gesagt, vom
Verlust des äußersten Wirbels – der
Züchter wird hier noch von Langschwanz reden – bis zum völligen
Verlust der Rute.

Eines ging jedenfalls aus meiner
Umfrage unter den Züchtern deutlich hervor: Die besten und erfah-
rensten Züchter vermeiden es, zwei
Tiere mit angeborener Stummelrute
miteinander zu paaren, sie ziehen
eine Paarung Stummelschwanz x
Langschwanz in jedem Fall vor. Die
Standardbestimmung sollte deshalb
sinngemäß lauten: »Rute auf 1/3 der
Länge gestutzt«.

Korrekt gebauter Entlebucher Sennenhund mit angeborener Stummelrute. Hervorzuheben ist der kräftige und gerade Rücken des Rüden.

Doch jetzt scheint auch diese Formulierung überholt zu sein. Ab 1995/96 dürfen in der Schweiz den Hunden die Ruten nicht mehr kupiert werden. Wie die Entlebucher-Sennenhunde-Züchter dieses Dilemma lösen werden, ist noch nicht klar.

Heute werden, nach Aussage des Zuchtwartes des Klubs für Entlebucher Sennenhunde, in der Schweiz rund 15 % der Welpen mit Stummelruten unterschiedlicher Länge geboren. Von den 85 % langschwänzigen Welpen haben sehr viele eine Knickrute, z.T. ist die Rute sogar doppelt und dreifach geknickt. Daß solche Hunde fast unverkäuflich sein werden, leuchtet ein.

Andererseits ist eine Knickrute kein Defekt, der dem Hund Schmerzen bereitet oder ihn sonst-

wie behindert. Nach dem Gesetz ist also eine Knickrute kein Grund, die Rute zu kürzen.

Ein zweites Problem ist die große Ähnlichkeit zwischen Appenzeller und Entlebucher Sennenhund. Die beiden Rassen unterscheiden sich freilich deutlich im Körperbau voneinander, doch diese Unterschiede sieht der Kenner, nicht aber der Hundefreund ohne besondere Rassenkenntnisse.

Wenn nun der Entlebucher in Zukunft ebenfalls eine lange Rute haben wird, die er möglicherweise noch über den Rücken geschwungen trägt, dann wird der Unterschied zwischen Appenzeller und Entlebucher Sennenhund recht klein. Mit der Stummelrute verliert der Entlebucher also ein rassetypisches Merkmal.

Zur Rassen-geschichte

»Babeli v.d. Rothöhe« (auch »Babeli v.d. Walke« genannt). Mit dieser Hündin, die Franz Schertenleib 1926 Dr. Kobler schenkte, wurde die Zucht des Entlebucher Sennenhundes neu aufgebaut. »Babeli« war unbekannter Herkunft und wurde von einem typischen Rüden gedeckt, worauf sie fünf gute Welpen warf. Sie darf als Stammmutter der heutigen Entlebucher bezeichnet werden.

Erstmals beschrieb den Hund E. BAUER im Jahre 1889 im »Schweizerischen Zentralblatt für Jagd- und Hundeliebhaber«. Dort ist zu lesen: »Am besten bekannt und geschätzt ist der Entlebucherhund von Hirten und Kleinviehhändlern. Er übernimmt in unserem Ländchen voll und ganz die Rolle des Schäferhundes. Die Größe bewegt sich um 40 bis 50 cm Schulterhöhe. Die Gestalt ist im Verhältnis zur Größe kräftig. Der Rumpf ist walzenförmig mit gerader Rückenpartie. Auf kurzem Hals sitzt ein mittelschwerer Kopf mit breitem Schädel, aber leichter Schnauze ... Die Rute ist stark an der Wurzel ... und wird, wenn nicht kupiert, vielfach über die Keulen geschlagen.

Die Farbe ist vorwiegend schwarz mit semmelfarbigen Abzeichen, doch sind auch rehfarbene Exemplare nicht selten. Die Augenflecken fehlen niemals. Der Entlebucherhund hat ein ungemein lebhaftes Temperament, ist unermüdlich, und sein nußbraunes Auge späht beständig nach den Wünschen seines Meisters, wie er denn auch einen ausgeprägten Sinn für Begleitung von Hirt und Herde hat.«

Diese Beschreibung trifft auch heute noch voll und ganz auf den Entlebucher Sennenhund zu.

Dieser Artikel fand jedoch keinen großen Widerhall, niemand wollte sich so recht um den »Schärlig«, wie der Hund auch hieß, kümmern. Er war vor allem noch im Tal des Schärligbaches, einem Nebenbach der Kleinen Emme, zu Hause.

So schrieb ALBERT HEIM: »Unsere Hoffnung, auf der Ausstellung 1907 in Luzern, dem Heimatkanton des Entlebuchers, solche zu sehen, ging leider nicht in Erfüllung.«

Doch da nahm sich wieder FRANZ SCHERTENLEIB auch dieser Rasse an. Er konnte im Jahre 1912 in den Tälern des Entlebuchs noch einige typische Hunde auftreiben und ging daran, diese selber zu züchten. Er brachte 1914 drei Rüden und zwei Hündinnen auf die Landesausstellung in Bern, wo sie von HEIM gerichtet wurden. Doch dann brach der Erste Weltkrieg aus, und vom Entlebucher Sennenhund hörte man schon bald nichts mehr.

Zehn Jahre später, 1924, machte sich der St. Galler Tierarzt Dr. B. KOBLER auf die Suche nach dem verschollenen Entlebucher Sennenhund. Er gab im »Entlebucher«, einer Zeitung, die im Entlebuch viel gelesen wurde, ein Inserat folgenden Inhalts auf: »Gesucht: Entlebucher Sennenhund mit Stummelschwanz.«

Er erhielt eine Menge Zuschriften und Bilder von allerhand »verbasterten Kötern«, die alles andere, nur keine »Entlebucher« waren. Ein Bauer schrieb ihm, er habe einen echten, reinrassigen Entlebucher Stummelschwanz besessen, er habe ihn aber totgeschlagen und gegessen, die Haut stehe noch zur Verfügung und könne für SFr 20,– erworben werden.

Kobler nahm deshalb an, der »Schärlig« sei endgültig verschwunden. Von Schertenleib erhielt er aber 1926 die Hündin »Babeli«, die er von einem der letzten typischen Rüden decken ließ. Sie warf fünf gute Welpen, und damit begann die Nachzucht des kleinsten unter den schweizerischen Sennenhunden.

Zur Zeit ist der Bestand der Rasse gesichert, auch wenn der Entlebucher Sennenhund im Ausland nie eine große Verbreitung gefunden hat. Im Band 92 des Schweizer Hundestammbuchs sind 28 Würfe mit total 118 Welpen eingetragen. Daran beteiligt sind insgesamt elf Rüden als Väter.

Auch wenn zwei der Hunde Väter von je fünf Würfen sind, so scheinen doch die Züchter erkannt zu haben, daß die Konzentrierung der Zucht auf einige wenige Siegerrüden eine gefährliche Einengung der Zuchtbasis ergeben würde.

Rassestandard: Entlebucher Sennenhund

FCI-Nr. 47/2.3   Ursprung: Schweiz

Verwendung: Treib-, Hüte-, Wach-, Haus- und Hofhund. Heute auch vielseitiger Arbeitshund und angenehmer Familienhund.

Datum der Publikation des gültigen Original-Standardes: November 1993.

Klassifikation FCI: Gruppe 2: Pinscher und Schnauzer-Molosser und Schweizer Sennenhunde; Sektion 3: Schweizer Sennenhunde. Ohne Arbeitsprüfung.

Kurzer geschichtlicher Überblick: Der »Entlebucher« ist der kleinste der vier schweizerischen Sennenhunde. Er stammt aus dem Entlebuch, einem Tal im Gebiet der Kantone Luzern und Bern. Die erste Beschreibung unter dem Namen »Entlibucherhund« stammt aus dem Jahre 1889, aber noch längere Zeit danach wurden der Appenzeller und der Entlebucher Sennenhund überhaupt nicht voneinander unterschieden. Im Jahre 1913 wurden vier Exemplare dieses kleinen Treibhundes mit Stummelrute an der Hundeausstellung in Langenthal Prof. HEIM, dem großen Förderer der schweizerischen Sennenhunderassen, vorgestellt. Auf Grund der Richterberichte wurden sie als vierte Sennenhunderasse in das Schweizerische Hundestammbuch (SHSB) eingetragen. Der erste Standard wurde jedoch erst 1927 abgefaßt, und nach der am 28. August 1926 auf Initiative von Dr. B. KOBLER erfolgten Gründung des schweizerischen Klubs für Entlebucher Sennenhunde wurde diese Rasse gefördert und rein weitergezüchtet.
Wie die geringe Zahl der Eintragungen ins SHSB zeigt, entwickelte sich die Rasse nur langsam. Neuen Auftrieb erhielt der Entlebucher Sennenhund, als neben der angestammten Eigenschaft als lebhafter und unermüdlicher Treibhund seine hervorragende Eignung als Gebrauchshund entdeckt und unter Beweis gestellt wurde. Heute, immer noch bei bescheidenem Bestand, hat dieser attraktive dreifarbige Hund seine Liebhaber gefunden und erfreut sich auch als Familienhund zunehmender Beliebtheit.

Allgemeines Erscheinungsbild: Knapp mittelgroßer, kompakt gebauter Hund von leicht gestrecktem Format, dreifarbig wie alle schweizerischen Sennenhunde. Aufgeweckter, kluger und freundlicher Gesichtsausdruck.

Wichtige Maßverhältnisse: Verhältnis Widerristhöhe : Körperlänge = 8 : 10, Verhältnis Fanglänge : Länge des Oberkopfes = 9 : 10.

Verhalten und Charakter (Wesen): Lebhaft, temperamentvoll, selbstsicher und furchtlos; gegenüber vertrauten Personen gutmütig und anhänglich, gegenüber Fremden leicht mißtrauisch; unbestechlicher Wächter; freudig, lernfähig.

Kopf: Im richtigen Größenverhältnis zum Körper, leicht keilförmig, trocken; Längsachsen des Fangs und des Oberkopfes mehr oder weniger parallel.

Oberkopf: Scheitel ziemlich flach, relativ breit, am breitesten zwischen dem Ohransatz, zum Fang hin sich wenig verjüngend; Hinterhaupthöcker kaum sichtbar; Stirnfurche wenig ausgebildet. Stirnabsatz (Stop) wenig ausgebildet.

Gesichtsschädel

Nase: Schwarz, leicht über die vordere Lippenrundung vorstehend.

Fang: Kräftig, gut modelliert, von Stirn und Backen deutlich abgesetzt, sich gleichmäßig verjüngend, aber nicht spitz; etwas kürzer als der Abstand vom Stop bis zum Hinterhauptbein. Nasenrücken gerade.

Backen: Wenig ausgebildet.

Lefzen: Wenig ausgebildet, dem Kiefer anliegend, schwarz pigmentiert.

Gebiß: Kräftiges, regelmäßiges und vollständiges Scherengebiß. Zangengebiß toleriert. Fehlen von ein bis zwei PM1 (Prämolaren 1) toleriert. Die M3 (Molaren 3) bleiben unberücksichtigt.

Augen: Ziemlich klein, dunkelbraun bis haselnußbraun, rundlich. Ausdruck: lebhaft, freundlich, aufmerksam. Augenlider gut anliegend, Rand schwarz pigmentiert.

Ohren: Nicht zu groß, hoch und relativ breit angesetzt, fester, gut ausgebildeter Ohrknorpel; Ohrlappen hängend, dreieckförmig, an der Spitze gut abgerundet; in der Ruhestellung flach anliegend; bei Aufmerksamkeit am Ansatz leicht angehoben und nach vorne gerichtet getragen.

Hals: Ziemlich kurz und gedrungen, kräftig, trocken, ohne Ansatz in den Rumpf übergehend.

Körper: Kräftig, leicht langgestreckt.

Brust: Breit, tief, bis zu den Ellenbogen reichend. Deutliche Vorbrust; Rippen mäßig gewölbt; Rippenkorb langgezogen, von rund-ovalem Querschnitt.

Rücken: Gerade, fest und breit; relativ lang.

Lenden: Kräftig, biegsam, nicht zu kurz.

Kruppe: Leicht abfallend, relativ lang.

Untere Linie und Bauch: Wenig aufgezogen.

Rute: In Fortsetzung der leicht abfallenden Kruppe angesetzte natürliche Rute; angestrebt wird eine schwebend oder hängend getragene Rute. (Gültig ab Inkrafttreten des Rutenkupierverbots.) Oder angeborene Stummelrute. Natürliche Rute und Stummelrute sind gleichwertig.

Gliedmaßen

Vorderhand: Kräftig bemuskelt, aber nicht zu schwer, weder zu eng noch zu breit gestellt; Vorderläufe kurz, stämmig, gerade, parallel und gut unter den Körper gestellt.

Schultern: Muskulös, Schulterblatt lang, schräg und gut anliegend.

Oberarm: Gleichlang oder nur wenig kürzer als das Schulterblatt. Winkelung zum Schulterblatt ca. 110–120°.

Ellenbogen: Gut anliegend.

Unterarm: Relativ kurz, gerade, von guter Knochenstärke, trocken.

Vordermittelfuß: Von vorne gesehen in gerader Fortsetzung des Unterarms, von der Seite gesehen ganz leicht abgewinkelt; relativ kurz.

Vorderpfoten: Rundlich, geschlossen, mit gewölbten Zehen; geradeaus gerichtet; Nägel kurz und kräftig; Ballen derb und widerstandsfähig.

Hinterhand: Gut bemuskelt, Keulen breit und kräftig. Von hinten gesehen nicht zu eng, gerade und parallel gestellt.

Oberschenkel: Ziemlich lang, mit dem Unterschenkel am Knie einen ziemlich offenen Winkel bildend.

Unterschenkel: Etwa gleich lang wie der Oberschenkel, trocken.

Sprunggelenk: Kräftig, relativ tief angesetzt, gut gewinkelt.

Hintermittelfuß: Ziemlich kurz, robust, senkrecht und parallel gestellt. Afterkrallen müssen entfernt sein.

Hinterpfoten: Gleich wie die Vorderpfoten.

Gangwerk: Raumgreifender, gelöster und flüssiger Bewegungsablauf mit kräftigem Schub aus der Hinterhand; von vorne und hinten gesehen geradlinige Gliedmaßenführung.

Haarkleid

Beschaffenheit des Haares: Stockhaar. Deckhaar kurz, fest anliegend, hart und glänzend. Unterwolle dicht.

Farbe des Haares und Zeichnung: Typische Dreifarbigkeit. Grundfarbe Schwarz mit möglichst symmetrischen gelb- bis rostbraunen und weißen Abzeichen. Die gelb- bis rostbraunen Abzeichen befinden sich über den Augen, an den Backen, an Fang und Kehle, seitlich an der Brust und an allen vier Läufen, wobei an letzteren das Gelb bis Braun-rot zwischen Schwarz und Weiß liegt.

Weiße Abzeichen: Gut sichtbare schmale, weiße Blesse, die vom Oberkopf ohne Unterbrechung über den Nasenrücken zieht und die Schnauze ganz oder teilweise umfassen kann. Weiß vom Kinn über Kehle ohne Unterbrechung bis zur Brust. Weiß an allen vier Pfoten. Unerwünscht, aber toleriert: Kleiner weißer Nackenfleck (nicht mehr als ungefähr eine halbe Handfläche groß).

Größe: Widerristhöhe: Rüden 44–50 cm, Toleranz bis 52 cm; Hündinnen 42–48 cm, Toleranz bis 50 cm.

Fehler: Jede Abweichung von den vorgenannten Punkten muß als Fehler angesehen werden. Dessen Bewertung muß im Verhältnis zum Grad der Abweichung stehen und mit berücksichtigen, inwieweit Wesentliches beeinträchtigt ist.
– Unter- und Übergröße.
– Runder Oberkopf.
– Kurzer, zu langer oder spitzer Fang, Ramsnase.
– Augen zu hell, zu tief eingesetzt oder hervortretend.
– Ektropium, Entropium.

- Ohren zu tief angesetzt, zu klein und zu spitz, abstehend getragen; Faltohr.
- Vor- oder Rückbiß.
- Fehlende Zähne außer zwei Prämolaren 1 (M3 nicht berücksichtigt).
- Rücken zu kurz, Senk- oder Karpfenrücken.
- Kruppe überbaut oder stark abfallend.
- Brustkorb schmächtig oder tonnenförmig.
- Knickrute, über den Rücken getragene Rute.
- Gliedmaßen zu feinknochig, ungenügend oder zu stark gewinkelt, unkorrekt gestellt, kuh-hessig, faßförmig, bodeneng.
- Weiche oder durchgetretene Vorderfußwurzelgelenke.
- Pfoten länglich, gespreizt.
- Zeichnungsfehler: unterbrochene Blesse, zu großer weißer Nackenfleck, durchgehender weißer Halsring, unterbrochenes Weiß an der Brust, deutlich über die Vorderfußwurzel reichendes Weiß (Stiefel).
- Wesensschwäche, Aggressivität.

Von der Bewertung ausschließende Fehler:
- Gelbe Raubvogelaugen, Birkauge, blaue Augen.
- Ringelrute.
- Zu langes, weiches Haar.
- Fehlende Dreifarbigkeit.
- Grundfarbe anders als schwarz.

N.B.: Rüden müssen zwei sichtlich normale Hoden aufweisen, die sich vollständig im Hodensack befinden.

Überlegungen vor dem Kauf eines Sennenhundes

Sennenhunde sind kinderfreundlich, wenn sie von Jugend auf Kontakt mit Kindern haben.

Die Qual der Wahl

Die Wahl des Hundes, den wir uns anschaffen wollen, richtet sich nach vielerlei Gesichtspunkten; manchmal ist nur ein einziges Erlebnis bestimmend.

Vielleicht kannte man z.B. in der Jugend einen originellen Sennenhund, oder man sah in den Ferien einen solchen bei einem Sennen auf der Alp, und nun soll uns der Hund ein Stück Jugenderinnerung oder Ferienstimmung ins Haus bringen.

Das können durchaus Argumente für die Wahl einer bestimmten Rasse sein, aber sie reichen nicht aus! Natürlich soll das Herz mitreden, aber das darf nüchterne Überlegungen nicht ausschließen, und da

Großer Schweizer Sennenhund.

steht wohl gleich zu Beginn die Frage, warum man einen Hund haben möchte. Wenn man einen Wächter und Beschützer braucht und über genügend Platz verfügt, kann ein **Großer Schweizer Sennenhund** durchaus der richtige Hund sein.

Mit einer Widerristhöhe bis zu 70 cm, manchmal auch etwas darüber, und einem Körpergewicht bis zu 65 kg ist er ein überaus imposanter Kerl, der allerdings in einer engen Wohnung eines Mehrfamilienblocks kaum am richtigen Ort ist. Doch wäre es falsch, ihn nur als Bauernhund einzustufen; im Einfamilienhaus auf dem Land oder am Stadtrand hat er durchaus seine Berechtigung. Er ist ein ruhiger, eher phlegmatisch veranlagter Hund mit ausgesprochenem Schutz- und Wachtrieb, der kaum durch unnützes Gebell lästig wird.

Sein relativ langes Stockhaar setzt sich aus den 3 bis 5 cm langen Deckhaaren und den darunterliegenden feinen und gekräuselten oder gewundenen Wollhaaren zusammen. Die Deck- oder Grannenhaare überdecken die Wollhaare dachziegelartig und schützen den Hund vor Nässe und Kälte. Die unter den Grannen liegende Wollhaarschicht enthält viel Luft, sie bildet deshalb eine gute Isolation gegen Hitze und Kälte. Regen dringt erst nach vielen Stunden auf seine Haut. Er kann auch schwimmen, ohne daß seine Haut naß wird.

Der Große Schweizer Sennenhund ist durch dieses Haarkleid überaus wetterfest und verträgt tiefe Temperaturen im Freien gut, sofern er dort einen trockenen, windgeschützten Platz hat. Das gleiche gilt auch für den Appenzeller und den Entlebucher Sennenhund, deren Pelz genau die gleiche Struktur aufweist.

Alljährlich kommt der Hund einmal in den **Haarwechsel**. Das ausfallende Wollhaar wird in der Wohnung lästig, und zumal es sich beim »Großen« eben um einen großen Hund handelt, ist der Haarausfall beträchtlich.

Sind die Grannenhaare sehr kräftig und derb, wie es vom Standard gewünscht wird, so erscheint das Haarkleid des Hundes meistens stumpf. Sind sie jedoch fein und kurz mit schönem Glanz, dann fehlt ihm oft das Unterhaar.

Zuchtziel aber ist das wetterfeste, derbe Haarkleid mit viel Unterwolle. Das Dilemma für den Sennenhundfreund liegt nun darin, daß das Wollhaar vielfach grau oder gar gelbbraun ist. Der Hund erscheint dann vor allem im Winterpelz,

wenn das Wollhaar reichlich vorhanden ist, nicht mehr schön schwarz, sondern besonders an den Halsseiten und an den Keulen schmutzig gelbschwarz. Das muß man bei einem wetterharten Hund in Kauf nehmen.

Dieses Problem besteht beim **Berner Sennenhund** weniger. Daß er von allen Sennenhunden die weiteste Verbreitung gefunden hat – allein in der Schweiz wurden 1992 in 116 Zwingern 88 Würfe mit insgesamt 688 Welpen gezüchtet –, hat er seinem schönen, glänzend schwarzen Haarkleid zu verdanken, bei dem die roten und weißen Abzeichen ganz besonders attraktiv zur Geltung kommen.

Publikumserfolg hat aber noch selten einer Hunderasse gutgetan! Er verleitet die Züchter dazu, auch mit nicht ganz wesensfesten Tieren zu züchten, und gerade beim Berner Sennenhund mit seinem etwas labilen Wesen liegt hier eine Gefahr, die man jetzt allerdings erkannt hat und züchterisch wieder bekämpft, indem nur noch mit Tieren gezüchtet werden darf, die eine Wesensprüfung bestanden haben.

Trotzdem ist die Gefahr, einen wesensschwachen Hund zu bekommen, beim »Berner« weit größer als beim »Großen«, der nie zum Modehund geworden ist und es auch nie werden wird.

Weil kleiner als der Große Schweizer Sennenhund, ist der Berner auch beweglicher, seine Haarfülle täuscht leicht Masse vor, die gar nicht vorhanden ist. Wie der »Große« ist er wachsam, ohne eigentlich bellfreudig zu sein. Ein guter Berner Sennenhund meldet das Herannahen eines Fremden mit

Dieser Entlebucher Sennenhund zeigt den typischen freundlichen Gesichtsausdruck.

Entlebucher Sennen-hund. Viele Freunde der Schweizer Sennen-hunde legen auf eine kreuzartige Brustzeich-nung großen Wert.

Wenn sich ein Berner Sennenhund übermäßig viel kratzt, so ist er auf etwaige Veränderungen der Haut gründlich zu untersuchen. Hat sich erst einmal z.B. ein sog. akutes, »wäßriges« Ekzem gebildet, so kann die Heilung mitunter sehr lange dauern. Ein Ekzem gehört jedenfalls stets in die Behandlung des Tierarztes. Die beste Vorbeugung gegen Ekzeme ist ein immer sauberes und gepflegtes Fell.

Zu glauben, das Langhaar des »Berners« sei ein besserer Wetterschutz als das Stockhaar des »Großen«, ist ein Trugschluß. Dennoch ist eine derartige Haarfülle selbstverständlich nicht einem stark geheizten Raum angepaßt. Das will nicht heißen, man könne einen Berner Sennenhund nicht in der Wohnung halten, aber er sollte Gelegenheit haben, einen Raum mit einer ihm zusagenden Temperatur aufzusuchen.

Die beiden kleinen Rassen, der **Appenzeller** und der **Entlebucher Sennenhund**, unterscheiden sich von den großen besonders dadurch, daß sie weit bellfreudiger sind. Besonders der Appenzeller steht in dieser Beziehung einem Spitz oder Schnauzer kaum nach. Beide sind viel beweglicher und temperamentvoller als die großen Vettern, beide sind sehr wachsam und weit eher zu einem tätlichen Angriff entschlossen als etwa der Große Schweizer Sennenhund. Das läßt sich jedoch alles durch eine vernünftige Erziehung in die richtigen Bahnen lenken.

Ich kenne viele Appenzeller und Entlebucher Sennenhunde, die in Wohnsiedlungen am Stadtrand gehalten werden, und Familie und Hund sind durchaus glücklich mit-

kurzem Bellen und begleitet dann den Fremdling ruhig und ohne Gebell oder Knurren zur Haustür.

Wie alle langhaarigen Hunde sind Berner Sennenhunde für Ekzeme anfälliger als die kurzhaarigen Vettern. Die Ursachen der Ekzeme sind oft schwer festzustellen, sicher spielt das Langhaar dabei eine Rolle. Manchmal liegt der Grund auch in der Ernährung, oft ist es nur ein einziger Stoff, der fehlt oder aber auch zuviel ist, auf den der Hund dann mit einer Hautallergie reagiert.

einander. Mit der den Sennenhunden eigenen Anpassungsfähigkeit fügen sie sich leicht in die ihnen eigentlich wesensfremde Umgebung ein und sind im wahrsten Sinne des Wortes problemlose Hunde. Allerdings sind sie bewegungsfreudig und müssen Gelegenheit haben, auf Spaziergängen ihre Bewegungslust auszulaufen.

Welcher Hund paßt zu mir?

Großer Schweizer Sennenhund
Widerristhöhe: Rüden 65–72 cm, Hündinnen 60-68 cm.
Haar: Stockhaar, erfordert wenig Haarpflege; verliert während des Haarwechsels viel feine Unterwolle.
Wesen: Wachsam, aber ruhig, kein Beller.
Haltung: Großer, starker Hund, der Platz und Bewegung braucht, kein »Stubenhund«.

Berner Sennenhund
Widerristhöhe: Rüden 64 bis 70 cm, ideal 66 bis 68 cm, Hündinnen 58 bis 66 cm, ideal 60 bis 63 cm.
Haar: Langhaar, bedarf regelmäßiger Haarpflege, sonst verfilzt das Haar.
Wesen: Wachsam, ruhig, aber lebhafter als ein Großer Schweizer.
Haltung: Großer, starker Hund, braucht Platz und Bewegung, verliert während des Haarwechsels viel Haar. Nicht unbedingt ein »Stubenhund«.

Appenzeller Sennenhund
Widerristhöhe: Rüden 52–56 cm, Toleranz ± 2 cm, Hündinnen 50–54 cm, Toleranz ± 2 cm.
Haar: Stockhaar, wenig Haarpflege, verliert während des Haarwechsels reichlich feine Unterwolle.
Wesen: Lebhaft und temperamentvoll, wachsam, mißtrauisch gegenüber Fremden, bellfreudig.
Haltung: Robuster, anpassungsfähiger Hund, braucht Bewegung, geeignet für Hundesport, guter Viehtreiber.

Entlebucher Sennenhund
Widerristhöhe: Rüden 44–50 cm, Toleranz bis 52 cm, Hündinnen 42–48 cm, Toleranz bis 50 cm.
Haar: Stockhaar, wenig Haarpflege, verliert beim Haarwechsel viel feine Unterwolle.
Wesen: Lebhaft und temperamentvoll, wachsam, mißtrauisch gegenüber Fremden, bellfreudig.
Haltung: Robuster, anpassungsfähiger Hund, braucht Bewegung, eignet sich für Hundesport, guter Viehtreiber.

Die Unter-
haltskosten

Sicher spielt beim Kauf eines Hundes auch die Frage der Unterhaltskosten eine Rolle. Auf dem Bauernhof, beim Metzger oder in einem Gastwirtschaftsbetrieb fallen diese kaum ins Gewicht, im Privathaushalt aber doch. Es ist schwierig, genaue Zahlen anzugeben. Immerhin mögen folgende Richtlinien einige Anhaltspunkte geben:

Ein Hund mit 25 bis 30 kg Körpergewicht braucht pro kg etwa 60 kcal am Tag. Das ergibt für einen Appenzeller oder Entlebucher Sennenhund, je nach Größe, einen täglichen Verbrauch von 1450 bis 1670 kcal.

Nach einer der üblichen Kalorientabellen, wie sie heute fast in jedem Haushalt zu finden sind, kann man diesen Bedarf nun in Nahrungsmittelmengen umrechnen, wobei für einen erwachsenen Hund rund ein Drittel bis die Hälfte der täglichen Nahrungsmenge aus tierischem Eiweiß (Fleisch, Eier, Milch und Milchprodukte) und der Rest aus pflanzlichen Stoffen (Getreideflocken, Reis, Vollkornbrot usw.) bestehen soll. Bei einem jungen, noch im Wachstum befindlichen Hund soll der Fleischanteil mindestens die Hälfte, wenn nicht mehr, betragen.

Eine Umfrage bei den Hundebesitzern ergab für das Jahr 1992 recht unterschiedliche Kosten.

Als Futterkosten für einen Entlebucher oder Appenzeller Sennenhund wurde ein Betrag von rund DM/SFr. 3,- pro Tag angegeben, wobei Frischfleisch, Büchsenfleisch, Flockenmischung und Hundebiskuits, Milch, Eier, Gemüse und etwas Mineral- und Vitaminzusätze gefüttert wurden.

Für einen Berner Sennenhund schwanken die Angaben, je nach Frischfleisch-Bezugsquelle, zwischen DM/SFr. 4,- bis 5,10. Eine Kostenaufstellung für den Großen Schweizer Sennenhund ist recht schwierig zu machen, weil bei dieser Rasse das Körpergewicht zwischen 38 und 65 kg schwanken kann. Das ergibt naturgemäß recht beträchtliche Unterschiede in bezug auf den täglichen Kalorienverbrauch. Für einen 65 kg schweren Hund werden Beträge zwischen DM/SFr. 5,20 und 9,30 errechnet.

Bei Fertignahrung besteht ein wesentlicher Preisunterschied, je nachdem, ob Dosenfutter (naß) oder eine Trockenvollnahrung verfüttert wird: Dosenfutter ist wesentlich teurer als Trockenfutter. Ein großer Futtermittelhersteller gibt für die beiden Futterarten folgende Richtpreise an:

Hundegewicht	Dosennahrung (naß)	Trockenvollnahrung
20–25 kg	DM/SFr. 5,00– 6,00	DM/SFr. 1,50–2,00
40 kg	DM/SFr. 7,50– 9,00	DM/SFr. 3,00–4,00
60 kg	DM/SFr. 10,00–12,00	DM/SFr. 3,50–5,00

Berühmte Kynologen, wie z.B. Prof. Albert Heim, haben den Berner Sennenhund als die schönste Hunderasse bezeichnet.

Mit den Futterkosten sind freilich die Unterhaltskosten für einen Hund nicht abgedeckt.

Alle zwei Jahre muß der Hund gegen Tollwut geimpft werden. Auch die **Impfungen** gegen Staupe, Hepatitis, Leptospirose und Parvovirose sollten alle zwei Jahre wiederholt werden, denn gerade bei älteren Hunden nehmen die körpereigenen Abwehrkräfte gegen Infektionskrankheiten oft ab.

Oft wird auch eine Wurmkur fällig. Einen Hund kann man nicht steril halten, eine Infektion mit Darmparasiten ist immer möglich. Insbesondere können Flöhe Überträger eines Hundebandwurms sein.

Man tut deshalb gut daran, einen Betrag für allfällige Tierarztkosten ins Budget aufzunehmen; der Hund kann erkranken oder einen Unfall haben und muß vom Tierarzt behandelt werden, und das ergibt nicht unerhebliche Kosten.

Es gibt freilich Tierversicherungen, die solche Risiken abdecken, aber die Prämien sind relativ hoch; es lohnt sich, vor Abschluß einer solchen Versicherung die Risiken (z.B. Geburtsschwierigkeiten bei einer Zuchthündin, Unfallgefahren bei einem Gebrauchshund) und die zu bezahlenden Prämien gegeneinander abzuwägen.

In die Unkosten muß auch die jährlich zu entrichtende Hundesteuer eingerechnet werden, die von Land zu Land, in der Schweiz gar von Ort zu Ort, ganz unterschiedlich sein kann.

Empfehlenswert ist auf jeden Fall, für den Hund eine Haftpflichtversicherung abzuschließen, denn der Tierhalter haftet für Schäden, die ein Tier, das in seiner Obhut steht, verursacht, es sei denn, er kann nachweisen, daß er alle Vorkehrungen getroffen hat, um einen Unfall zu vermeiden. Doch dieser Nachweis ist erfahrungsgemäß oft nicht leicht zu erbringen.

Und zu guter Letzt muß man sich überlegen, wo und wie der Hund untergebracht werden kann, wenn wir in Urlaub fahren und den Hund nicht mitnehmen können. Tierheime, die Ferienhunde aufnehmen, gibt es heute zwar überall, aber die Pensionskosten können bei einem längeren Urlaub recht happig ins Gewicht fallen. (In der Schweiz werden z.Zt. für einen großen Hund zwischen Fr. 15,– und Fr. 20,– pro Tag verlangt.)

Das sind einige Hinweise zu allfälligen Kosten. Alles ist nicht vorhersehbar, aber der zukünftige Hundehalter muß sich bewußt sein, daß das Halten eines Hundes Kosten verursacht.

Rüde oder Hündin?

Hat man sich für die geeignete Rasse entschieden, so stellt sich die Frage nach dem Geschlecht des anzuschaffenden Hundes. Soll's ein Rüde oder soll's eine Hündin sein?

Beide haben ihre Vorzüge und ihre Nachteile, beides ist gegeneinander abzuwägen. Fest steht, daß die jahrzehntelange Diskriminierung der Hündin so ziemlich vorbei ist. Hündinnen verkaufen sich heute eher besser als Rüden, das war früher nicht so. Der Wandel hängt mit der Erfahrung zusammen, daß Hündinnen umgänglicher sind als Rüden.

Schon daß sie im Durchschnitt kleiner sind als die Rüden, kann mitunter ein Vorteil sein. Ich sage aber ausdrücklich »im Durchschnitt«, denn es kann durchaus sein, daß der größte Welpe in einem Wurf eine Hündin und der kleinste ein Rüde ist, die Regel ist es aber nicht. Da, wo vor allem eine Frau sich mit dem Hund beschäftigt, ihn ausführt, da kann die Körperkraft des Hundes, die ja durch die Größe bedingt ist, eine wesentliche Rolle spielen.

Rüden sind sexuell immer erregbar, Hündinnen nur zweimal im Jahr während je drei Wochen. Rüden haben deshalb dauernd den Trieb, sich eine Braut zu suchen. Sie sind sozial aktiver als die Hündinnen, sie fühlen sich geradezu verpflichtet, sich dauernd mit ihresgleichen auseinanderzusetzen, und das kann zu Raufereien führen.

Starke Hunde sind bei Raufereien recht schwer zu trennen, und es kann leicht vorkommen, daß der Mensch, der da schlichtend eingreifen will, mit einbezogen und verletzt wird. Raufereien unter Hündinnen sind viel seltener, aber dafür sind diese dann meistens unerbittlicher.

Ein Rüde neigt dazu, von zu Hause wegzulaufen, um die nähere und weitere Umgebung zu erkunden und mit den Hunden der Nachbarschaft Kontakt aufzunehmen. Hündinnen sind viel häuslicher, allerdings können auch sie zu Streunerinnen werden.

Der pfiffige Gesichtsausdruck des Appenzeller Sennenhundes kommt hier gut zum Ausdruck. Zum reinrassigen »Bläss« gehört das messingbeschlagene Halsband.

Der Rüde hebt überall das Bein und bespritzt ihm wichtig scheinende Punkte mit seinem Harn. Gewisse Gartenpflanzen, z.B. Thuja, vertragen das nicht und werden braun.

Die Hündin ist in der Regel leichter zu erziehen als der Rüde; weil bei ihr der Trieb zu einem sozial hohen Rang weit weniger ausgeprägt ist als beim Rüden, widersetzt sie sich den menschlichen Anordnungen weniger als ein selbstbewußter Rüde.

Unangenehm für den Nichtzüchter ist die Läufigkeit der Hündin, die jährlich zweimal eintritt und jeweils drei Wochen dauert. Daß die Hündin in dieser Zeit gerne davonläuft, besagt schon das Wort »Läufigkeit«. Das ist aber weiter nicht schlimm und kann bei einiger Vorsicht unterbunden werden. Daß hingegen die Rüden bald herausfinden, wo eine läufige Hündin ist, und dann das Haus dauernd belagern, das kann höchst lästig werden.

Nun gibt es gewisse Vorsichtsmaßnahmen, bei deren Innehaltung die Sache nur halb so schlimm ist. Wer einen Garten hat, führt die Hündin während der kritischen drei Wochen nicht mehr außerhalb des Gartenzaunes. Es ist nämlich nicht so, daß Rüden eine läufige Hündin über etliche hundert Meter riechen; sie erfahren über deren Zustand erst, wenn sie die Hündin selber oder deren Harn beriechen können. Verwehrt man ihnen beides, so hat man bestimmt Ruhe vor zudringlichen Freiern.

Findet ein Rüde jedoch die Harnstelle einer läufigen Hündin, dann ist er sofort im Bilde. Er gerät nun seinerseits in Brunststimmung, und diese verändert offensichtlich seinen eigenen Harngeruch. Da er nun die Neuigkeit überall herumspritzt, weiß bald die gesamte männliche Hundewelt des Viertels, daß eine mannstolle Hündin in der Nähe ist, und macht sich flugs auf die Suche nach ihr. Unbeaufsichtigte Rüden können des Nachts kilometerweit herumstreunen; daraus erklärt sich die leidige Tatsache, daß sich sogar Rüden aus den Nachbardörfern bald beim Haus der läufigen Hündin einfinden.

Wer keinen Garten hat, verfrachtet die Hündin ins Auto und fährt mit ihr zwei bis drei Kilometer weit weg, und er wird Ruhe haben.

Die im Handel erhältlichen Duftmittel sind nicht immer zuverlässig.

Sie sind es vor allem dann nicht, wenn man sie falsch anwendet. Es nützt nichts, der Hündin Hinterschenkel und Schwanz mit dem Duftmittel zu bestreichen. Wichtig ist, daß keine Spur von der Harn- oder Kotstelle zum Haus gelegt wird. Man muß also der Hündin, will man sie trotz der Läufigkeit ausführen, auf und zwischen den Pfotenballen das Duftmittel anbringen – sonst hat man die Bescherung.

Duftbindende Tabletten (Chlorophyll) wirken nicht bei allen Hündinnen, ein sicherer Verlaß auf sie ist nicht zu erwarten. Wer das Risiko einer ungewollten Deckung oder den Ärger mit fremden Rüden nicht in Kauf nehmen will, der entscheidet sich für einen Rüden.

Kastration ist, vom Eingriff her gesehen, heute weder beim Rüden noch bei der Hündin ein Problem. Man muß aber bedenken, daß häufig nach der Kastration eine Wesensveränderung eintritt. Schlimm war dies z.B. bei einer Hündin aus meiner Zucht, die nach der Kastration freßsüchtig wurde. Sie hatte nur noch Interesse am Fressen, alles andere zählte nicht mehr. Auf Spaziergängen konnte sie nicht mehr von der Leine gelassen werden, sie kehrte auf dem kürzesten Wege nach Hause zurück und wartete dort in der Küche auf Futter.

Dies mag ein krasser Fall sein. Entschließt man sich dennoch aus zwingenden Gründen zu einer Kastration, dann sollte sie jedenfalls erst vorgenommen werden, wenn der Hund voll entwickelt ist; zu früh kastrierte Hunde bleiben oft infantil. Bei einer Hündin würde ich mindestens bis nach der zweiten Hitze warten. Kastrierte Hunde werden (das ist ja auch meistens der Sinn und Zweck der Operation) sozial passiver und verfetten leichter und früher als unkastrierte Hunde. Nun werden sie aber nicht von der Luft fett, sondern vom Futter. Man hat es also weitgehend in der Hand, eine beginnende Verfettung rechtzeitig mit Herabsetzen der Futterration zu steuern. Doch alles in allem: Wenn kein zwingender Grund vorliegt, rate ich von einer Kastration ab.

Abzuraten ist auch davon, die Läufigkeit einer Hündin dauernd mit Hormonspritzen zu unterdrücken. Das kann man im Notfall einmal tun, eine ständige Wiederholung wirft den ganzen Hormonhaushalt der Hündin über den Haufen und führt mitunter zu schweren Störungen.

Rüde oder Hündin?

Rüde: Sexuell immer aktiv, neigt deshalb, wenn nicht beaufsichtigt, zum Streunen. Setzt überall seine Harnmarken ab. Setzt sich gerne mit anderen Rüden zwecks Festlegung der Rangordnung auseinander.

Hündin: Wird zweimal im Jahr läufig und muß während dieser Zeit streng beaufsichtigt werden. Neigt weniger zum Streunen als ein Rüde. Raufereien unter Hündinnen sind selten, aber wenn sie aneinander geraten, sind sie unerbittlich.

Rüden und Hündinnen sind in gleicher Weise anhänglich.

*Neun Wochen alter
Entlebucher Sennen-
hund. Es ist wichtig,
daß der Junghund in
diesem Alter möglichst
viele Erfahrungen
sammeln kann.*

Das soziale Umfeld der Welpen

Leider blüht der Hundehandel wie nie zuvor. Man kann Hunde sogar nach Bestelliste vom Warenhaus kommen lassen. Das ist jedoch kaum der richtige Weg. Der richtige Weg führt direkt zum Züchter.

Nun gibt es – das sei zugegeben – auch schlechte Züchter. Gäbe es sie nicht, könnten die Warenhäuser und Händler nirgends Welpen kaufen!

Man sehe sich deshalb die Umgebung, in der die Welpen aufwachsen, gründlich an. Dreck sowie verschmutzte Futter- und Wasserschüsseln sind schlechte Empfehlungen.

Man beobachte das Verhalten der Mutter und der Welpen. Da, wo sich Mutter und Welpen ängstlich verkriechen, wenn der Züchter den Zwinger betritt, da kaufe man keinen Hund. Kratzen sich Mutterhündin und Welpen dauernd, so haben sie Flöhe. Auch das ist keine Empfehlung, zumal der Hundefloh Überträger eines Bandwurms ist.

Welpen, die in einer »ereignislosen« Umwelt aufwachsen, gewöhnen sich oft – nicht immer – nur

71

schwer an neue Verhältnisse, manche bleiben ein Leben lang überaus vorsichtig, wenn nicht gar ausgesprochen ängstlich. Doch für solche Fehlentwicklungen spielen keineswegs nur Umweltfaktoren eine wichtige Rolle, das Erbgut spricht da auch noch mit.

Sennenhund-Welpen verbringen ihre ersten Lebenswochen in der Regel in einem Zwinger. Eine andere Haltung ist praktisch nicht möglich. Weder Große Schweizer Sennenhunde noch Berner Sennenhunde lassen sich im Hause aufziehen, und draußen frei herumlaufen lassen kann man sie auch nicht, die Gefahren sind zu groß.

Bleibt also nur der Zwinger. Er muß aber so angelegt sein, daß die Junghunde Kontakt zur Umwelt haben; sie sollen fremde Menschen und andere Tiere sehen, sie sollen mit allerhand lauten und leisen Geräuschen konfrontiert werden, und das »Zwingerinventar« soll so sein, daß die Welpen reichlich Spielmöglichkeiten haben. Sennenhunde, die in einem Schweinekoben aufwachsen – auch das gibt es leider immer noch –, können keine Erfahrungen sammeln, hier kauft man keinen Junghund.

In vielen Büchern wird empfohlen, der zukünftige Besitzer soll »seinen« Welpen möglichst oft beim Züchter besuchen. Solche Empfehlungen geben nur Nichtzüchter ab. Der Welpe wird bei einem solchen Besuch seinen zukünftigen Besitzer kaum kennenlernen, dafür sind die Besuche zu kurz. Aber die Gefahr, daß der Besucher Krankheiten in den Zwinger bringt, denen die noch ungeimpften Welpen mehr oder weniger schutzlos preisgegeben sind, ist groß.

Der verantwortungsvolle Züchter wird dem Käufer bei der Auswahl des richtigen Welpen behilflich sein. Er wird sich deshalb eingehend nach den persönlichen Verhältnissen erkundigen. Der Käufer betrachte diese Fragen nicht als neugierige Indiskretion. Sie sind dem Züchter, der um das Wohl der von ihm gezüchteten Hunde besorgt ist, wichtig. Verfügt der Züchter über einige Menschenkenntnis und kennt er auch seine Hunde genau, dann kann er dem Käufer raten, welcher Junghund der geeignetste ist; er kann unter Umständen auch – ich mußte das öfters tun – vom Kauf abraten.

Falsch ist es, einen Junghund aus einem verwahrlosten Zwinger aus Mitleid zu kaufen, denn damit ermuntern wir den »Züchter«, auf gleiche Art und Weise weiterzuverfahren. Gescheiter sagen wir ihm unsere Meinung und sehen von einem Kauf ab. Das wird ihn vielleicht lehren, seinen Hunden und ihrem Nachwuchs bessere Bedingungen zu verschaffen.

Alter des Junghundes

Einen jungen Sennenhund kauft man nicht mit sechs oder sieben Wochen, auch wenn das heute von einigen sich wissenschaftlich gebenden Autoren empfohlen wird.

Ein wichtiger Grund, einen Junghund nicht vor der 10. Lebenswoche abzugeben, ist der noch fehlende Impfschutz. Der neugeborene Welpe nimmt mit der ersten Mutter-

Der Entlebucher Sennenhund ist aufmerksam, aber freundlich.

dem Menschen, sondern auch mit Artgenossen sozialisieren muß, und das kann er am besten im Wurfverband bei seinen Geschwistern und der Mutter. Es kommt immer wieder vor, daß Hunde, die man zu früh von den Geschwistern weggenommen hat, später ein gestörtes Verhältnis zu anderen Hunden entwickeln!

Außerdem: Hunde sind bis ins Alter lernfähig!

Auf was zu achten ist

Nach welchen Gesichtspunkten sollen wir unseren Sennenhund auswählen?

Wichtig ist ein Hund mit gutem Wesen. An eine nicht ideal gezogene Stirnblesse, an eine etwas schief geratene Brustzeichnung oder an ein weißes Stiefelchen gewöhnt man sich rasch, aber ein wesensschwacher Hund ist einem sein Lebtag lang eine schwere Last.

Der Welpe soll zutraulich sein und auch fremde Menschen furchtlos begrüßen; verkriecht er sich ängstlich, so taugt er nichts.

Junge Sennenhunde müssen stämmige Läufe und Pfoten haben, sie scheinen im Verhältnis zur Körpergröße sogar zu dick; aber verdickte Handgelenke oder krumme Vorderläufe deuten auf Rachitis.

Junge Hunde dürfen ruhig etwas mollig sein, aber ein dickes, aufgeblähtes Bäuchlein ist ein sicheres Zeichen für einen massiven Spulwurmbefall. Spulwürmer lassen sich

milch (Kolostralmilch) Immunstoffe auf, die vorerst einmal die Bildung von körpereigenen Immunstoffen verhindern. Eine zu frühe Impfung ist deshalb zwecklos. Bis nach der Impfung ein genügender Impfschutz aufgebaut ist, dauert es rund 10 Tage, daraus ergibt sich von selbst, daß ein Junghund nicht vor seiner 10. Lebenswoche vom Käufer übernommen werden soll, und das erst rund 10 Tage nach der ersten Staupeimpfung.

Für eine frühere Übernahme wird immer wieder die sogenannte »Sozialisierungsphase« ins Feld geführt und behauptet, ein sieben bis acht Wochen alter Welpe schließe sich den Menschen weit besser an als ein sechzehn Wochen alter.

Die das propagieren, vergessen, daß sich der Junghund nicht nur mit leicht und mit Erfolg bekämpfen, aber das ist nicht Sache des Käufers eines Hundes, sondern des Züchters. Starker Wurmbefall kann zu erheblichen gesundheitlichen Störungen führen, deshalb Hände weg, wenn alle Anzeichen für starken Wurmbefall vorhanden sind.

Alle Sennenhunde sollen ein Scherengebiß haben, d.h., die oberen Schneidezähne müssen praktisch ohne Zwischenraum die unteren nach vorne überlappen. Stehen die unteren vor den oberen, so reden wir von einem Vorbiß, stehen sie mit deutlichem Abstand zurück, sprechen wir von einem Unterbiß.

Wer seinen Hund nicht ausstellen oder mit ihm nicht züchten will, der darf auch einen Hund mit leichtem Vor- oder Unterbiß kaufen, für die Gesundheit des Hundes spielt dies keine Rolle, er darf aber auch nicht den vollen Preis kosten. Man merke sich: Ein korrektes Milchgebiß garantiert nicht hundertprozentig ein korrektes Zweitgebiß. Dieses Risiko muß der Käufer immer eingehen.

Wer einen Rüden kauft, der überzeuge sich, ob dieser beide Hoden hat; Monorchiden oder Kryptorchiden (Einhoder oder Hodenlose) kann man nicht ausstellen und auch nicht zur Zucht verwenden. Man glaube nicht, daß ein monorchider Rüde sexuell weniger aktiv sei, das Gegenteil ist oft der Fall.

Bei einem 12 Wochen alten Sennenhund, gleich welcher Rasse, müssen beide Hoden deutlich ertastbar im Skrotum liegen. Ist dies nicht der Fall, so helfen auch Hormonspritzen in der Regel nichts mehr.

Bei einem kryptorchiden Rüden müssen die in der Bauchhöhle ver-bliebenen Hoden operativ entfernt werden; sie könnten sich später zu gefährlichen Tumoren entwickeln.

Wer mit seinem Hund auf Ausstellungen gehen will, der achte auf eine symmetrische Zeichnung, darauf wird bei Sennenhunden viel – mir will oft scheinen, zu viel – Gewicht gelegt. Dunkle Augen sind erwünscht, bei einem zehn Wochen alten Sennenhund läßt sich jedoch nicht sicher sagen, wie sich die Augen mit der Zeit färben werden.

Man schaue sich nicht nur die Hunde, sondern auch den Züchter an; denn er soll uns ja auch später, wenn Schwierigkeiten auftauchen, mit weiterem Rat zur Seite stehen.

Papierkram

Zum rassereinen Hund gehört eine **Abstammungsurkunde**. Sie ist nicht unbedingt ein Qualitätsausweis, sondern sagt nur, von welchen Ahnen der Hund abstammt.

Nun zirkulieren heute eine Menge von »Stammbäumen«, und etliche darunter sind falsch. Wer an der Echtheit der Abstammungsurkunde eines Hundes Zweifel hat, der erkundige sich beim zuständigen kynologischen Landesverband. In Deutschland ist das der Verband für das Deutsche Hundewesen (VDH), in der Schweiz die Schweizerische Kynologische Gesellschaft (SKG) und in Österreich der Österreichische Kynologenverband (ÖKV) (Adressen siehe S. 129).

Zum Junghund gehört ein **Impfausweis**, der bestätigt, daß der Hund im Alter von ca. acht Wochen

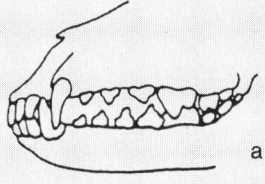

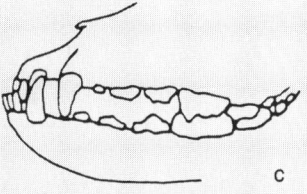

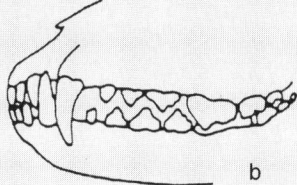

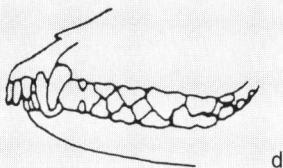

Zahnschlußtypen.
a Scherengebiß: Die Schneidezähne des Ober-kiefers überlappen die Schneidezähne des Unterkiefers praktisch ohne Zwischenraum. Bei sehr knappem Zahnschluß entsteht durch die Abnützung der Schneidezähne bei älteren Hunden sehr oft ein Zangengebiß.
b Zangengebiß: Die Schneidezähne des Ober- und des Unterkiefers stehen aufeinander wie die beiden Schneiden einer Zange.
c Vorbiß: Die Schneidezähne des Unterkiefers stehen vor. Ein knapper Vorbiß ist funktionell dem Scherengebiß absolut gleichwertig. Die Zuchtbestimmungen der meisten Klubs

schließen jedoch Hunde mit Vorbiß von der Zucht aus.
d Unterbiß: Die Schneidezähne des Unterkiefers stehen mit deutlichem Abstand zurück. Bei starker Verkürzung des Unter-kiefers kommen die unteren Fangzähne hinter denjenigen des Oberkiefers zu liegen. Sie drücken mit der Zeit tiefe Gruben in den Rachen und behindern den Hund bei der Nahrungsaufnahme. Bei derart starkem Unterbiß sollten deshalb die Fangzähne des Unterkiefers entfernt werden. Hunde mit Unterbiß sind nicht zur Zucht zugelassen.

Die Zähne werden in jedem Kieferast von vorn nach hinten gezählt: I1, I2, I3 (Incisivi, Schneidezähne), C (Caninus, Fangzahn), Pm 1, Pm 2, Pm 3, Pm 4 (Prämolaren, vordere Backenzähne), M1, M2, M3 (Molaren, Mahlzähne). Relativ häufig fehlen Hunden

ein oder mehrere Prämolaren. Funktionell hat das Fehlen von Pm 1 oder Pm 2 für den Hund keine Bedeutung, aber auf Ausstellungen setzen fehlende Zähne die Qualifikation herab, denn der Standard verlangt ein voll-ständiges Scherengebiß.

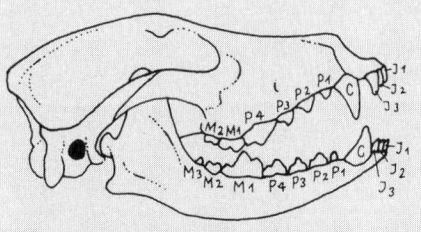

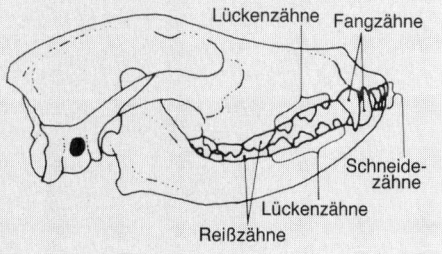

gegen Parvovirose, Staupe, Hepatitis und Leptospirose geimpft worden ist. (Die Tollwutimpfung erfolgt später.) Einen ungeimpften Hund kauft man nie.

Der Käufer überzeuge sich jedoch, daß vorne im Impfpaß Name, Alter, Stammbuchnummer und evtl. auch besondere Merkmale des Hundes eingetragen sind, und er sehe hinten nach, welche Impfungen der Hund erhalten hat. Es muß leider hier gesagt werden, daß auch mit Impfausweisen Mißbrauch getrieben wird.

Viele Züchter schließen heute mit dem Käufer eines Junghundes einen **Kaufvertrag** ab. Der Verband für das Deutsche Hundewesen und die Schweizerische Kynologische Gesellschaft stellen dazu vorgedruckte Formulare zur Verfügung.

Der Käufer lese jedoch einen Kaufvertrag aufmerksam durch. In der Euphorie, nun endlich den längst gewünschten Hund mit nach Hause zu nehmen, unterschreibt der Käufer unter Umständen Vertragsbestimmungen, z.B. über eine spätere Zuchtverwendung des Hundes, die er dann, wenn der Hund erwachsen ist, nicht mehr einhalten möchte.

Auf jeden Fall lasse er sich den Kaufpreis quittieren. Diese Quittung kann vielleicht später in einem Versicherungsfall – man kann ja nie wissen – sehr wichtig sein.

Immer noch weit verbreitet ist in der Schweiz die Meinung, die sogenannte »Währschaft« gelte auch beim Kauf eines Hundes. Darunter versteht man ein Rückgaberecht innerhalb von zehn Tagen, wenn das gekaufte Tier beim Kaufe nicht bemerkte Mängel aufweist. Das Obligationenrecht zählt jedoch die Tiere, die unter die »Währschaft« fallen, namentlich auf, der Hund ist nicht dabei!

Dennoch haftet der Züchter für Mängel, die den Wert eines Hundes erheblich herabsetzen, die aber im Zeitpunkt des Kaufes nicht erkennbar waren. Maßgebend sind die Bestimmungen des Obligationenrechts über Kauf und Verkauf von Waren; denn der Hund ist rechtlich leider immer noch eine Ware!

In solchen Fällen versuche man sich vorerst einmal mit dem Züchter zu einigen, bevor man die Gerichte bemüht!

Beim Kauf beachten:

● Prüfen Sie bei der Abstammungsurkunde, ob sie von einem der FCI angeschlossenen Landesverbände (VDH, ÖKV, SKG) anerkannt ist.

● Prüfen Sie im Impfausweis, ob Name, Wurfdatum und Stammbuchnummer des Hundes eingetragen sind.

● Kontrollieren Sie, welche Impfungen der Hund bereits erhalten hat und welche im Laufe der nächsten Monate wiederholt werden müssen.

● Lassen Sie sich eine Aufstellung über die bisherige Fütterung geben. Wenn möglich, sollte Ihr Hund in den nächsten Wochen ungefähr genauso gefüttert werden wie beim Züchter.

● Lesen Sie den Kaufvertrag genau durch. Gehen Sie auf keine Bedingungen ein, die Ihnen nicht zusagen oder die später zu Streitigkeiten führen könnten.

Die Haltung eines Schweizer Sennenhundes

*Nicht alle Hunde ge-
hen von sich aus gerne
ins Wasser. Man muß
sie behutsam daran
gewöhnen.*

Wo soll der Hund wohnen?

Sennenhunde sind robuste Gesellen. Sie ertragen Kälte und Hitze, Wind und Wetter.

Sie brauchen also zum Schlafen nicht unbedingt einen geheizten Raum, dem Berner Sennenhund mit seinem üppigen Pelz würde es dort sowieso schon bald zu warm wer-

den. Aber eine trockene und zugluftfreie Unterkunft braucht auch ein abgehärteter Sennenhund. Schläft er im Hause, so braucht er in einer Ecke einen Schlafplatz, auf dem er ausgestreckt liegen kann. Außerdem sollte dieser Platz nicht in der Nähe von Türen sein, da diese oft undicht sind und der Hund so der Zugluft ausgesetzt wäre.

Als Unterlage dient eine Matratze mit Seegras-, Roßhaar-, Schaumgummi- oder Spreufüllung. Die Matratze soll nicht direkt auf dem Boden, sondern auf einem Lattenrost liegen, sonst kann sich darunter

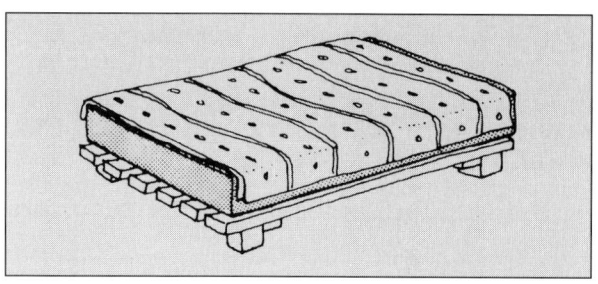

Kondenswasser bilden (ein Eichenparkettboden kann z.B. schwarz werden), und das ist ungesund. 2 bis 3 cm Luftraum genügen, um die Bildung von Kondenswasser zu verhindern.

Logiert der Hund als Wächter draußen, so muß sein Haus so groß sein, daß er sich darin mindestens aufrichten und umdrehen kann. Zu groß jedoch sollte das Haus nicht sein, sonst vermag er es nicht mehr mit seiner eigenen Körperwärme zu »heizen«.

Auf jeden Fall muß die Hütte einen doppelten, gegen Kälte und Nässe gut isolierten Boden und ein absolut wasserdichtes Dach haben. Die Wände müssen ebenfalls doppelt sein, eine Zwischenlage von Isoliermaterial (Glaswolle, bitumierte Korkplatten usw.) erhöht die Behaglichkeit ganz wesentlich. Das Schlupfloch muß seitlich angebracht sein, so daß der Hund nicht direkt davor liegt, ein Vorhang schützt zusätzlich vor eindringender Kaltluft.

In einem derart konstruierten Hundehaus wird sich ein Sennenhund wohlfühlen, zumal dann, wenn es an windgeschützter Stelle unter einem großen Vordach steht.

Das Zeitalter des Kettenhundes sollte eigentlich vorbei sein, ist es aber leider nicht. Der Kettenhund ist nach wie vor auf Bauernhöfen eine alltägliche Form der Hundehaltung. Das Schweizer Tierschutzgesetz erläßt dazu nur ganz minimale Bestimmungen, indem es sagt:

»Hunde, die angebunden gehalten werden, müssen sich in einem Bereich von wenigstens 20 m bewegen können. Sie dürfen nicht mit einem Würgehalsband angebunden werden. Für Hunde, die im Freien gehalten werden, muß eine Unterkunft vorhanden sein.«

Das ist wenig. In der Regel fehlt es dem Kettenhund an der für ihn so wichtigen menschlichen Zuwendung. Das hat zur Folge, daß er, von der Kette gelassen, häufig seinen angestauten Bewegungsdrang abreagieren muß und zum Streuner wird, was wiederum bewirkt, daß er nicht mehr von der Kette befreit wird. So lebt er in einem Teufelskreis, wird häufig aggressiv, leidet an Rheuma und erreicht kein hohes Alter. Es ist zu hoffen, daß diese Form der Hundehaltung als Anachronismus allmählich verschwinden wird.

Der Garten ersetzt nicht den Spaziergang

»Wir haben einen großen Garten, der Hund hat also genügend Auslauf.« Solches höre ich immer wieder. Doch der Garten ersetzt nicht den täglichen Spaziergang. Von sich aus wird der Hund nämlich kaum im Garten herumrennen, die »Jog-

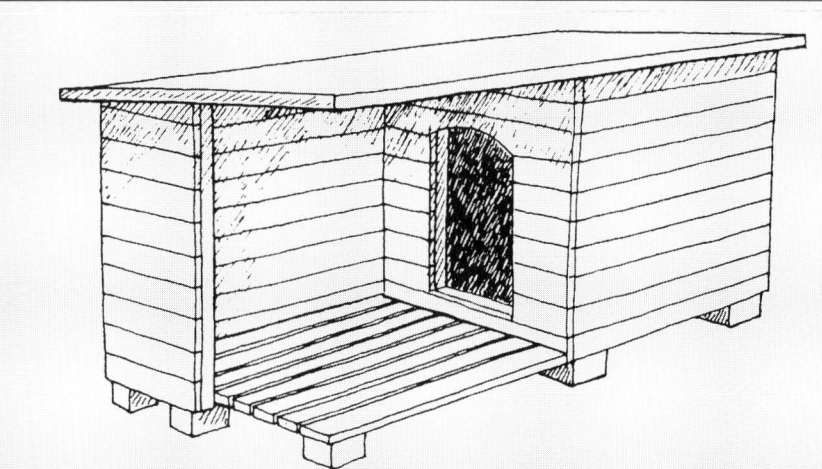

*Die Größe des Hunde-
hauses für den zeitwei-
sen Aufenthalt im Frei-
en richtet sich nach der
Rasse. Der Hund sollte
im Innenraum ausge-
streckt liegen können.*

*Dieses Hundehaus ist
besonders leicht zu
reinigen, da das Dach
aufgeklappt werden
kann.*

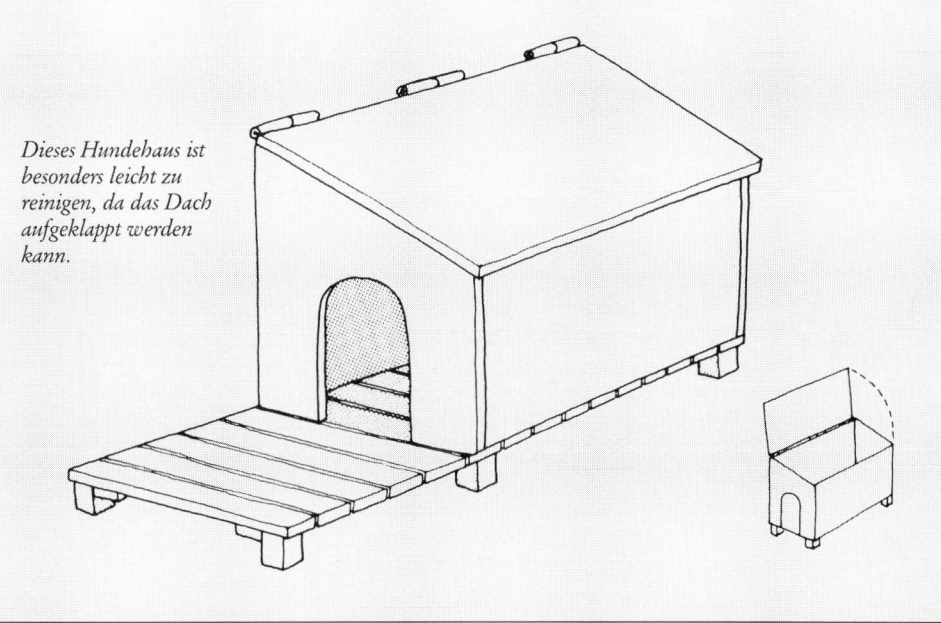

Solche Bilder sollten Vergangenheit sein, sie sind es aber leider nicht. An der Kette, ohne menschliche Zuwendung, wird der Sennenhund aggressiv, und statt eines harmonisch gebauten Hundes wird er zu einem mißgestalteten Krüppel.

gingwelle« ist noch nicht bis zur Hundewelt vorgedrungen! Er sitzt vor der Haustür und wartet darauf, daß irgend etwas geschehen möge.

Vielleicht schafft er sich schließlich aus lauter Langeweile Beschäftigungen, die wir dann nicht besonders schätzen. Er gräbt z.B. Pflanzen aus, gräbt große Löcher, wenn er auf Mäusejagd geht, er legt sich mitten ins blühende Tulpenbeet und was dergleichen Dinge mehr sind. Als Rüde ist er verpflichtet, sein Territorium immer wieder erneut zu markieren, wenn ein Kollege am Gartenzaun vorbeigeht. Nun ertragen längst nicht alle Gartenpflanzen Hundeharn.

Da, wo die Hündin ihren Harn absetzt, entstehen im »englischen Rasen« suppentellergroße braune Flecken; wildwachsende Gräser jedoch sind resistent.

Die einzig richtige Art, den Hund – und sich selber – zu bewegen, ist der tägliche Spaziergang bei jedem Wetter. Der Spaziergang verschafft dem Hund die nötige Bewegung, er sammelt dabei vielerlei Eindrücke, die für ihn wichtig sind, z.B. die »Mitteilungen«, die andere Hunde in Form von Duftmarken hinterlassen haben. Er wird sich in der Regel während des Spaziergangs auch versäubern (also Plastiksäcklein mitnehmen, irgendwo steht der nächste Behälter zwecks Entsorgung).

Ein junger Hund soll aber nicht überfordert werden; ein erwachsener Sennenhund jedoch macht ganztägige Wanderungen, auch in den Bergen, ohne Probleme mit.

Die Ernährung der Schweizer Sennenhunde

Nicht richtig gefüttert und nicht täglich bewegt, verfetten viele Sennenhunde im Alter. Vom einstigen Ausstellungssieger ist hier nicht mehr viel übriggeblieben.

Hundliche Eßmanieren

Der Hund ist ein Raubtier geblieben, daran hat sich im Laufe der Domestikation nichts geändert. Seinem Körperbau liegt immer noch der Bauplan des Lauf-Raubtieres zugrunde; auch wenn einzelne Merkmale starken Veränderungen unterworfen wurden. Sein Skelett ermöglicht ihm eine große Beweglichkeit, wie sie dereinst zum Erbeuten lebender Tiere notwendig war.

Er besitzt ein Raubtiergebiß, und der Verdauungsapparat ist weit mehr auf Fleischnahrung als auf Pflanzenkost eingestellt. Der Darm ist kurz, wie bei den meisten Fleischfressern, dagegen ist der Magen sehr dehnbar; der Hund vermag bei reichlichem Nahrungsangebot gut und gerne für zwei bis drei Tage auf Vorrat zu fressen.

Seine Freßgewohnheiten sind die eines im Meuteverband jagenden Raubtieres geblieben. War eine Beute erlegt, so mußte jeder schauen, wie er zu seinem Anteil kam, genüßliches Kauen, wie es bei Katzen üblich ist, war da nicht angebracht. Jeder schlug sich so rasch wie möglich den Bauch voll, und wer ihm zu nahe kam, der wurde unmißverständlich bedroht.

So hält's der Hund auch heute noch. Er schluckt große Fleischbrocken unzerkaut hinunter, er leert seine Futterschüssel rasch, und er kann – und das wird vielen Hunden zum Verhängnis – weit mehr Futter zu sich nehmen, als er eigentlich braucht. Das Verhalten des sozial jagenden Raubtieres ist geblieben, aber die Umwelt hat sich geändert, somit muß der Mensch hier korrigierend einwirken.

Die halbe Schönheit geht zum Maul herein...

. . . sagt eine alte Bauernweisheit, und sie gilt immer noch. Dabei ist »zum Maul herein« nicht allzu wörtlich zu nehmen. Gemeint ist damit nicht nur die Nahrung allein, sondern das ganze Umfeld, in dem ein Junghund heranwächst.

Die besten Anlagen, die ein Junghund mitbringt, nützen nicht viel, wenn er sich durch falsche Ernährung nicht richtig entwickeln kann. Sennenhunde sind Abkömmlinge alter Bauernhunde, das wurde bereits erwähnt. Gesagt wurde auch, daß der Bauer seinen Hund karg hielt, außer Abfällen stand nicht viel auf seinem Speisezettel. Nur ein guter Futterverwerter

konnte also überleben. So fand ungewollt eine Zuchtauslese in bezug auf Genügsamkeit statt. Das will aber nun nicht heißen, Sennenhunde könne man mit allem möglichen füttern. Es wird oft vergessen, daß dem freilaufenden Hofhund damals noch Möglichkeiten der Futterbeschaffung offenstanden, die der Hund heute kaum mehr hat oder die wir ihm nicht mehr zugestehen wollen.

Ein junger Sennenhund gedeiht nur bei der für ihn richtigen Ernährung. Sie bietet heute freilich keine Schwierigkeit mehr. Eine ganze Industrie mit wohldotierten Forschungsprogrammen bietet ein großes Sortiment an gutem und preiswertem Hundefutter an. Die Konkurrenz ist so groß, daß sich schlechte Ware kaum auf dem Markt halten kann. Trotz dieses großen Angebots bildet frisches, rohes Fleisch für den heranwachsenden Hund auch heute noch einen wesentlichen Bestandteil seiner Nahrung – es muß ja nicht unbedingt Filetfleisch sein.

Die nötige Theorie

Der Hund braucht für die vitalen Funktionen seines Körpers (Atmung, Kreislauf, Aufrechterhaltung der Körpertemperatur, Verdauung, Ausscheidung) eine regelmäßige Zufuhr von **Energie**. Ihr Wert wird heute in Joule (früher Kalorien) gemessen. Energiespendende Nahrungsstoffe sind Fette, Kohlenhy-

Entlebucher Sennen-hund.

vielen Hunden Ekzeme verursacht, viele Hunde reagieren auf zu viel Hafer mit Durchfall. Getreideflocken können ohne Vorbehandlung vom Hund nicht verdaut werden. Sie müssen entweder erhitzt oder gekocht werden. Die im Handel erhältlichen Futterflocken für Hunde sind bereits vorbehandelt.

Ein Überschuß an Kohlenhydraten in der Nahrung wird vom Hund in Fett umgesetzt und gespeichert. Ist der Hund zu fett, muß in erster Linie der Kohlenhydratanteil im Futter reduziert werden. Ideal ist, wenn Energiezufuhr und Verbrauch im Gleichgewicht stehen, der Hund weder Körpersubstanz verliert noch Fett ansetzt.

Die **Nährstoffe** dienen der Erhaltung und dem Aufbau der Körpersubstanz. Wichtigste Bauelemente des Körpers sind die Eiweiße (Proteine). Der Körper des Hundes besteht, bezogen auf die fettfreie Substanz, zu 20 bis 22 % aus Protein.

Eiweiß ist aus verschiedenen Aminosäuren aufgebaut. Der Hund kann nicht alle für den Aufbau seines Körpers notwendigen Aminosäuren selber synthetisieren, er ist auf die Zufuhr dieser Stoffe angewiesen. Man nennt diese für ihn absolut notwendigen Nährstoffe »essentielle« (lebensnotwendige) Nährstoffe. Die nichtessentiellen Aminosäuren kann der Körper selber aus einfachen Vorstufen aufbauen. Es ist hier nicht der Ort, die rund 50 essentiellen Aminosäuren aufzuzählen, wichtig ist für uns nur, daß sie dem Hunde zugeführt werden müssen.

Die Verdaulichkeit der verfütterten Eiweißfuttermittel ist sehr unterschiedlich groß, Frischfleisch und

drate und auch Eiweiß, dem freilich eine Doppelfunktion als Energieträger und als Aufbaustoff zukommt.

Die Energieträger bezeichnen wir auch als Brennstoffe, sie werden im Körper unter Zufuhr von Sauerstoff verbrannt. Den höchsten Brennwert haben die Fette. Überschüsse, die nicht verbrannt werden, speichert der Körper in Form von Fettreserven. Gute Energiespender sind ebenfalls die Kohlenhydrate, die der Hund vor allem in Form von Getreideprodukten zu sich nimmt. Im Handel sind heute gute, ausgewogen zusammengesetzte Flockenmischungen erhältlich. Wer sich selber ein Flockengemisch herstellen will, der denke daran, daß Hafer bei

Milchprodukte werden bis zu 95 % verdaut, die Verdaulichkeit der Eier liegt bedeutend tiefer (50–70 %); am schlechtesten verdaut werden pflanzliche Eiweiße. Je stärker ein Eiweiß dem zu bildenden oder zu ersetzenden Körpereiweiß gleicht, desto größer ist sein Wert für den Hund. Daraus folgt, daß für den wachsenden jungen Hund Frischfleisch die beste Eiweißquelle bildet.

Zum Aufbau und zur Erhaltung des Skeletts brauchen der heranwachsende und der erwachsene Hund **Mineralstoffe**, vor allem Kalzium und Phosphor. Kalbsknochen liefern im allgemeinen genügend Kalzium, Phosphor und Spurenelemente, aber wenn der Hund Knochen nicht verträgt, so müssen diese Bestandteile dem Futter beigefügt werden. Ein erwachsener Hund benötigt pro Tag rund 100 mg Kalzium und 85 mg Phosphor pro Kilogramm Körpergewicht; wachsende Hunde brauchen wesentlich mehr (240–440 mg bzw. 140–240 mg im Alter von 4 Monaten). Fleisch und Getreideprodukte sind relativ arm an Kalzium, aber reich an Phosphor. Phosphor muß deshalb kaum ergänzt werden, wohl aber Kalzium. Es ist im Zoofachhandel in Form von Futterkalk oder Kalzium-Tabletten erhältlich; eine Überdosierung ist kaum möglich, was der Körper nicht verwerten kann, scheidet er wieder aus.

Spurenelemente sind, wie der Name sagt, nur in kleinsten Mengen lebensnotwendig. Sie kommen praktisch in allen Futtermitteln in genügenden Mengen vor; eventuelle Mängel können nur anhand von Blut- und Serum-Analysen festgestellt werden.

Vitamine sind, wie die Spurenelemente, in kleinen Mengen lebensnotwendig. Sie können vom Körper nur zum Teil selber synthetisiert werden. Wir unterscheiden zwischen wasser- und fettlöslichen Vitaminen. Bei einem Vitaminmangel treten Mangelkrankheiten und eine erhöhte Krankheitsanfälligkeit auf.

Wasserlösliche Vitamine können nicht überdosiert werden, weil sie vom Körper nicht gespeichert, sondern ausgeschieden werden; dagegen werden fettlösliche Vitamine in der Leber, im Fett und in den Nieren gespeichert. Bei einem Überangebot kann es zu Vergiftungserscheinungen kommen.

Fehlt das fettlösliche **Vitamin A**, kommt es zu einer Austrocknung und Verhornung der Schleimhäute; Vitamin A ist ebenfalls für die Leistungsfähigkeit der Augen von Bedeutung. Enthalten ist Vitamin A in Karotten, Äpfeln, Leber, Milch und Eigelb.

Das fettlösliche **Vitamin D** fördert die Kalziumaufnahme im Darm und den Aufbau des Skeletts. Sein Fehlen bewirkt Veränderungen am Skelett (Rachitis) und ungenügende Zahnschmelzbildung. Bei einer Überdosierung kommt es zu Gefäßverkalkungen, blutigem Durchfall und Polyurie (krankhafte Vermehrung der Harnabgabe). Praktisch alle Futtermittel enthalten heute genügende Mengen von Vitamin D.

Das fettlösliche **Vitamin E** ist an der Zellatmung beteiligt. Es wird nur in geringem Maße in der Leber gespeichert. Ein Vitamin-E-Mangel kann zu Wachstums- und Bewegungsstörungen und zu einer Degeneration der Herzmuskulatur

führen. Bei trächtigen Hündinnen führt ein Vitamin-E-Mangel zu Totgeburten. Enthalten ist es in Getreideprodukten und in Getreidekeimlingen.

Unter den **wasserlöslichen Vitaminen** spielen diejenigen der B-Reihe eine gewisse Rolle. Anzeichen eines Vitamin-B_1-Mangels sind Kotfressen, allgemeine Freßunlust, Krämpfe und Kreislaufstörungen; in schweren Fällen kommt es zu Schädigungen des Gehirns. Vitamin-B_1-Träger ist vor allem die frische Bäckerhefe. Sie kann den Hunden unter das Futter gemischt werden; eine Überdosierung ist kaum möglich, weil Überschüsse durch die Nieren ausgeschieden werden.

Vitamin B_2 ist vor allem in Milch, Hefe, Leber, Lunge und Pansen vorhanden. Ein Mangel führt zu Wachstumsstörungen, Muskelschwäche und Trübung der Hornhaut. Unter normalen Fütte-

rungsverhältnissen sind Vitamin-B_2-Mängel nicht zu befürchten.

Vitamin B_6 ist für den Stoffwechsel der Aminosäuren und Eiweiße wichtig. Ein Mangel fördert die Bildung von Harnsteinen. Es können zudem epileptiforme Krämpfe auftreten. Vitamin B_6 ist praktisch in allen gängigen Futtermitteln in genügender Menge enthalten, besonders reich an Vitamin B_6 sind frische Bäckerhefe und Rinderleber.

Vitamin B_{12} kommt in allen Körperzellen vor. Seine Funktionen sind teilweise noch nicht völlig bekannt. Mangel an Vitamin B_{12} kann Blutarmut und Leberverfettung fördern. Es ist in allen Futtermitteln tierischer Herkunft, vor allem in Rinderleber, enthalten.

Die Vitamine Folsäure, Biotin, Pantothensäure und Nikotinsäure kann der Hund selber synthetisieren; Zugaben zum Futter sind deshalb unnötig.

Die Vitamine

Vitamin A ist in Karotten, Äpfeln, Milchprodukten, Leber und Eigelb enthalten. Mangelerscheinungen: Verhornung der Schleimhäute, Minderung des Sehvermögens, Hautveränderungen.

Vitamin D ist praktisch in allen gängigen Futtermitteln enthalten. Mangelerscheinungen: Rachitis, schlechte Zahnschmelzbildung.

Vitamin E ist in Getreideprodukten und Getreidekeimlingen enthalten. Mangelerscheinungen: Wachstums- und Bewegungsstörungen, Degeneration der Herzmuskulatur, Totgeburten.

Vitamine der B-Reihe sind enthalten in Hefe, Milchprodukten, Rinderleber, Pansen. Mangelerscheinungen: Kotfressen, Freßunlust, Krämpfe, Kreislaufstörungen, Wachstumsstörungen, Muskelschwäche, Trübung der Hornhaut, Bildung von Harnsteinen, Blutarmut, Leberverfettung.

Folsäure, Biotin, Pantothensäure und Nikotinsäure kann der Hund selber aufbauen, künstliche Zufuhr ist nur nötig, wenn der Tierarzt die entsprechenden Mangelerscheinungen feststellt, wie Entkalkung bestimmter Knochen, Bindegewebsschwäche, mangelhafte Blutgerinnung (z. B. bei Einnahme von Rattengift). Dann können hohe Vitamin-K-Gaben den Hund retten.

Fütterung des jungen und erwachsenen Hundes

Immer wieder wird eine »natürliche Ernährung« propagiert. Da müssen wir schlicht und einfach feststellen, daß dies heute gar nicht mehr möglich ist. Kein Mensch kann seinen Hund so ernähren, wie Urvater Wolf sich ernährt hat. Er fraß und frißt ja seine Beutetiere buchstäblich mit Haut und Haaren, vor allem auch samt Magen- und Darminhalt. Nichts bleibt übrig, kein Fetzen Haut, kein Stückchen Darm und kein Blut. Wer könnte das seinen Hunden schon bieten? Und wenn er es könnte, so bleibt immer noch die Frage offen, ob der Hund diese Nahrung annehmen würde, denn auch er ist kein »natürliches« Wesen mehr, sondern, wie wir schon einmal festgestellt haben, ein Geschöpf des Menschen.

Junge Hunde wachsen rasch, kleine Rassen rascher als große Rassen. Das genetisch vorprogrammierte Wachstum kann durch eine ungünstige Haltung verzögert, durch eine optimale Haltung beschleunigt werden. Eine Wachstumsforcierung sollten wir jedoch unterlassen, sie kann gerade bei den beiden großen Rassen zu schweren Skelettschäden führen (Ellbogen-,

Schultergelenks- und Hüftgelenks-dysplasie).

Entsprechend dem raschen Wachstum ist beim Junghund der Nährstoffbedarf größer als beim alten Hund. Als Faustregel kann folgende Angabe gelten: 2/3 der Tagesration besteht aus tierischem Eiweiß (Fleisch, Innereien, Fisch) und 1/3 aus Getreide (Flockenmischung). Dazu kommen die notwendigen Mineralien, Vitamine und Spurenelemente. Die meisten im Handel erhältlichen »Fertigfutter« enthalten den notwendigen Bedarf an Mineralien und Vitaminen, so daß besondere Zusätze nicht nötig sind.

Der Rohfaseranteil im Hundefutter sollte nicht mehr als 10 % betragen. Gemüse und Kartoffeln sind deshalb kein vollwertiges Hundefutter, sie geben dem Hund jedoch Ballaststoffe, die er ebenfalls für eine geregelte Verdauung braucht.

Der **erwachsene Hund** braucht weniger Nährstoffe. Für ihn kann der Fleischanteil auf 1/3 der Futtermenge herabgesetzt, der Anteil des Getreides auf 2/3 heraufgesetzt werden.

Fleisch kann roh oder gekocht verfüttert werden. Rohes Fleisch darf ruhig bereits etwas »riechen«, dem Hund, der ja von Natur aus auch ein Aasfresser ist, schadet das kaum. Dagegen darf gekochtes Fleisch nicht verdorben sein. Verwesendes gekochtes Fleisch kann Giftstoffe enthalten, die dem Hund schaden.

Schweinefleisch sollte möglichst nicht verfüttert werden. Wenn doch, dann wegen der Gefahr der Übertragung der Aujeszkyschen Krankheit nur gut durchgekocht. Viele Hunde, vor allem die langhaarigen »Berner«, reagieren auf zu viel Schweinefleisch mit Ekzemen.

Frischfleisch muß nicht unbedingt Filet- oder Entrecôte-Qualität haben. Herz, Nieren, Gurgel, Pansen von Wiederkäuern und sonstige Fleischabfälle genügen auch. Lunge ist minderwertig, sie kann als Diät bei übergewichtigen Hunden verfüttert werden, sie füllt den Magen und hat wenig Nährwert. Zuviel Leber und Milz verursachen bei vielen Hunden Durchfall.

Roher Pansen, dem noch Reste der Pflanzennahrung des Wiederkäuers anhaften, ist ein vorzügliches Futter, aber er stinkt erbärmlich. Es gibt ihn aber heute in gedörrter Form. Unsere Hunde lieben getrockneten Pansen und getrocknetes Rindfleisch heiß!

Zu Unrecht verpönt ist bei vielen Hundehaltern Pferdefleisch. Wir haben jahrelang unsere Junghunde mit Pferdefleisch aufgezogen und damit nur beste Erfahrungen gemacht.

Eier sind ein hochwertiger Fleischersatz, sie werden aber nicht von allen Hunden problemlos vertragen. Eiweiß darf nie roh gegeben werden.

Fett ist ein hochwertiger Energielieferant und enthält, roh verfüttert, fettlösliche Vitamine, aber zu viel Fett macht den Hund fett!

Rohes Gemüse gibt dem Hund Ballaststoffe, wird aber nicht verdaut. Auch gekocht bildet es hauptsächlich Ballast mit geringem Nährwert. Falsch ist, daß rohes Gemüse und rohe Karotten Eingeweidewürmer bekämpfen.

Heute gibt es viele »Fertigfutter«. Meist sind sie auf streng wissenschaftlicher Basis zusammengestellt und bilden das Ergebnis langjähriger

Forschung auf dem Gebiet der Tierernährung. Der Konkurrenzkampf unter den Herstellern ist unerbittlich, schlechtes Futter hält sich nicht lange auf dem Markt. Fertigfutter, ob in Dosen oder als Trockenfutter, bieten viele Vorteile. Sie sind einfach in der Zubereitung und über längere Zeit als Vorrat haltbar.

Als Mindestanforderungen an ein Fertigfutter legte die amerikanische National Academy of Sciences folgende Werte fest: 22 % Rohprotein, 5 % Fett, 1,1 % Kalzium, 0,9 % Phosphor und 50 % Kohlenhydrate, der Rest ist Wasser.

Wenn wir Fertigfutter füttern, so müssen wir uns genau an die Anweisungen des Herstellers halten. Dies gilt vor allem bei Trockenfutter.

Knochen sind kein Fleischersatz

Knochen sind kein Fleischersatz. Es gibt Hunde, die keine Knochen vertragen, sie erbrechen sie regelmäßig wieder. Das ist besonders bei älteren Hunden der Fall. Zu viele Knochen ergeben hartnäckige Verstopfungen; aber jeden Tag ein Kalbsknochen zum Benagen hält die Zähne sauber und verhindert weitgehend eine frühzeitige lästige Zahnsteinbildung.

Die Röhrenknochen von Geflügel und Kaninchen splittern beim Zerbeißen auf. Oft bleiben sie dem Hund zwischen den Zähnen oder im Rachen stecken. Sie sollten deshalb nicht verfüttert werden.

Wieviel Wasser braucht der Hund?

Der Körper des Hundes besteht zu 60 bis 70 % aus Wasser, bei einem jungen Hund liegt dieser Wert noch höher. Diese Wassermenge muß für eine normale Körperfunktion erhalten bleiben und kann nur für kurze Dauer unterschritten werden.

Ohne Nahrung hält es ein gutgenährter Hund etliche Tage aus, ohne Flüssigkeit jedoch nicht. Es sollte ihm immer frisches Wasser zur Verfügung stehen. Auch wenn er unterwegs einmal Wasser aus Pfützen schlabbert, so ist das kein Unglück, er verträgt's. Vor Schneewasser im Winter sollte er sich jedoch hüten, davon kann es schon mal Durchfall geben.

Die vom Hund benötigte Wassermenge hängt von verschiedenen Faktoren ab, z.B. von der Art des Futters. Dosenfutter enthält 75–80 % Wasser, Trockenfutter nur etwa 10 %. Die Differenz ist beträchtlich. Hunde sind befähigt, ihre Wasseraufnahme entsprechend dem Flüssigkeitsbedarf ihres Körpers zu regulieren.

Als Faustregel gilt: Pro 1 kg Körpergewicht braucht ein gesunder Hund zwischen 60 und 75 ml Wasser; ein 30 kg schwerer Entlebucher benötigt also zwischen 1,8 und 2,25 Liter, ein 50 kg schwerer Berner oder Großer Schweizer Sennenhund jedoch zwischen 3 und 3,75 Liter am Tag.

Der Kauknochen aus Büffelleder ist einem Plastikschuh bei weitem vorzuziehen, denn er wird verdaut, während Plastik zum Magenverschluß führen kann. (Entlebucher Sennenhund)

Bei Dosenfutter wird ein Teil des Wasserbedarfs bereits durch das Futter gedeckt; ein Entlebucher Sennenhund benötigt jetzt nur noch einen halben Liter Wasser zusätzlich, bei Trockenfutter jedoch mehr als einen Liter.

Der Hund gewinnt aber auch aus der Verbrennung von Fett und Kohlenhydraten »metabolisches Wasser«. (Kamele decken auf langen Wüstenwanderungen ihren Wasserbedarf weitgehend aus der Verbrennung des in den Höckern gespeicherten Fettes.) Aus 100 g verbranntem Fett gewinnt der Hund 107 ml Wasser.

Die Wasserabgabe über Harn beträgt pro 1 kg Körpergewicht rund 20 ml, das sind nur rund 25 % der aufgenommenen Wassermenge, den Rest verliert er durch den Kot und durch die Atmung. Bei Hitze und starker körperlicher Anstrengung steigt die Wasserabgabe durch das Hecheln stark an, der Hund braucht jetzt viel mehr Wasser; ein Wasserdefizit erträgt er nur für relativ kurze Zeit. Die Folgen können Erkrankungen sein.

Groß ist der Wasserverlust bei Durchfall. Der Hund braucht jetzt viel Flüssigkeit, ihn vom Trinken abzuhalten, wäre ein schwerer Fehler.

Ein Sonderfall ist die säugende Hündin, die beträchtliche Wassermengen durch die Milch abgibt.

Wer seinem Hund Milch geben will, soll's tun. Nur müssen wir eines wissen: Zur Verdauung von Milcheiweiß muß der Magen das Verdauungsferment Lab absondern. Erhält ein Hund von Jugend auf täglich seine Portion Milch, wird er auch im Alter noch Lab produzieren und Milch verdauen; bekommt er aber über längere Zeit keine Milch mehr, so verliert er die Fähigkeit,

Der passende Hund zum Bauernhaus ist immer noch der Sennenhund. Besonders der Große Schweizer und der Berner Sennenhund betonen noch die Behäbigkeit des bernischen Bauernhauses.

Lab zu produzieren. Milch wird dann unvollständig verdaut, die Folge ist Durchfall. Es besteht aber kein Grund, dem Hund die Milch mit Wasser zu verdünnen, an Milch gewöhnte Hunde vertragen auch Vollmilch.

Braucht der Hund Salz?

Eine oft gestellte Frage. Ohne Salz im Futter kommt auch der Hund nicht aus.

Beim Verfüttern von viel Fleisch oder ungeputztem Pansen kann der Hund seinen Salzbedarf decken. Doch ungeputzter Pansen stinkt, und bei getrocknetem Meerfisch, der auch genügend Salz enthalten würde, weiß man heute nicht mehr, wieviel Schadstoffe er enthält.

Wer ein »Fertigfutter« verfüttert, kann auf eine Prise Salz im Futter verzichten, denn diese Futter enthalten in der Regel bereits die richtige Menge Salz.

Auch Käse enthält Salz. Die meisten Hunde lieben Käse, je stinkender, um so besser. Die Meinung, Käse schädige den Geruchssinn des Hundes, ist ein Ammenmärchen!

Wann und wie oft füttern?

Beim Junghund verteilen wir die tägliche Nahrungsmenge auf drei Mahlzeiten, später reduzieren wir auf zwei, und dem erwachsenen Hund genügt eine Mahlzeit am Tag. Große Schweizer Sennenhunde sind, wie alle großen Rassen, disponiert für eine Magendrehung (s. S. 108). Man verteilt deshalb bei ihnen die tägliche Futtermenge auf zwei Mahlzeiten pro Tag.

Wann wir füttern, bestimmt oft der Hund. Es gibt Vielfraße unter ihnen, die würden zu jeder Tageszeit ihren Wanst vollschlagen, es gibt aber auch solche – und sie bilden wohl die Mehrheit –, die sich von allein an bestimmte Essenszeiten halten. Sie beachten die ihnen am Morgen hingestellte volle Futterschüssel während des ganzes Tages nicht, fallen aber am Abend mit Heißhunger darüber her.

Man sollte beim Festsetzen der Futterzeiten beachten, daß eine Mahlzeit vom Hund in rund 12 Stunden verdaut wird. Bekommen wir unseren Junghund während der Nacht nicht stubenrein, so verlegen wir seine Hauptmahlzeit auf den späten Abend. Er wird dann über Nacht verdauen und sich am Morgen früh entleeren. Bringt auch dies keinen Erfolg, so verschieben wir die Hauptmahlzeit des Hundes auf den Morgen.

Eine Regel aber ist immer zu beachten: Läßt der Hund Futter übrig, so bleibt dies nicht in der Futterschüssel liegen, sondern muß von uns weggeräumt werden. Wir lassen niemals Futter stundenlang herumstehen, auch der Hund soll sich an regelmäßige Essenszeiten gewöhnen. Außerdem könnte das Futter verderben.

Zum Schluß

Für den Hund gelten die gleichen Regeln wie für uns Menschen: Allzuviel ist ungesund. Man wird leichter und rascher zu fett als nachher wieder schlank.

Tischreste sind in der Regel zu stark gewürzt. Sie sind auf die Dauer kein Hundefutter. Das heißt nun freilich nicht, daß wir nicht ab und zu gekochte Gemüsereste oder Kartoffelreste unter das Hundefutter mischen dürfen. Sennenhunde lebten jahrhundertelang von Resten »vom Tisch des Herrn«, und sie überlebten dabei, freilich oft mehr schlecht als recht!

Ammenmärchen über die Fütterung

- Rohes Fleisch macht den Hund aggressiv.
- Zucker macht den Hund blind.
- Käse verdirbt ihm den Geruchssinn.
- Pferdefleisch verursacht Hautkrankheiten.
- Wenn der Hund Gras frißt, ist er krank.
- Karotten, Knoblauch und Petersilie vertreiben Darmparasiten.

Die Erziehung der Schweizer Sennenhunde

Auch ein erwachsener Sennenhund spielt noch gerne.

Von Trieben und Instinkten

Der unerzogene Hund hat keinen Platz mehr in unserer eng gewordenen Umwelt. Er wird zur Last für seinen Besitzer und andere, die ihn ungewollt auch ertragen müssen.

Der Hund kann ja nichts dafür, wenn er herumstreunt, in fremden Gärten Schaden stiftet, Trottoirs be-schmutzt, Radfahrern nachrennt, wildert oder Haustieren keine Ruhe läßt – wenn er fremde Menschen belästigt. Schuld daran ist einzig und allein sein Herr und Meister.

Trotz jahrtausendelangem Zu-sammenleben mit dem Menschen ist der Hund immer noch tief in seinem Ahnenerbe verhaftet. Immer noch sind es die arteigenen Triebe und In-stinkte des ursprünglichen Lauf-Raubtieres, die weitgehend sein Handeln bestimmen.

Diese Triebe und Instinkte, einst-mals fein eingepaßt in die Umwelt des Wolfes oder Urhundes, wirken sich heute in einer Umwelt aus, die der ursprünglichen in keiner Weise mehr gleicht. Sie müssen deshalb, wenn sie nicht der neuen Umwelt angepaßt werden, zwangsläufig mit ihr in Konflikt kommen. Nun lebt ja der Hund nicht mehr in der ihm entsprechenden Umwelt, sondern in der Umwelt des Menschen; er muß sich also in diese einpassen. Zugute kommt ihm dabei ein relativ gutes Lernvermögen, mit dessen Hilfe es ihm gelingt, seine von den wilden Ahnen her ererbten Triebe auf eine ihm im Grund artfremde Umwelt aus- und einzurichten.

Unter Trieben verstehen wir Erregtheitszustände, deren Ursachen in bestimmten physiologischen Veränderungen liegen. Der Hund hat Hunger, Durst, Schlaf, ist in Brunst usw. In seinem Blut kreisen nun bestimmte Hormone, die ihn erregen und zum Suchen veranlassen. Das Ziel seines Suchens dürfte dem Hund kaum bewußt sein. Ins Bewußtsein dringt es erst in dem Moment, wo das vom Trieb angestrebte Ziel ins Wahrnehmungsfeld des Hundes tritt. In diesem Augenblick »schnappt gleichsam die Tür ins Schloß«.

Die Triebe erlöschen mit dem Erreichen des Ziels. Sie müssen deshalb in die zum Ziele führenden Bahnen gelenkt werden. Diese Bahnen sind die erblich festgelegten Instinkthandlungen. Sie lassen unter normalen Verhältnissen das Tier ohne individuelle Erfahrung das Richtige tun. Nun hat sich, wie bereits dargetan, die Umwelt des Hundes stark geändert, und zudem ist bei ihm mit zahlreichen domestikationsbedingten Instinktausfällen zu rechnen.

Er lebt in einer vom Menschen geschaffenen Umwelt und kann deshalb nicht mehr einfach seinen Trieben nachleben, sonst gerät er unweigerlich in Konflikt mit seiner Umwelt. Triebe lassen sich durch Erziehung unterdrücken, Instinkthandlungen sind unseren erzieherischen Einflüssen entzogen.

Triebe lassen sich auch züchterisch beeinflussen, sie können in generationenlanger Zuchtauslese abgebaut oder gefördert werden.

Für die meisten Wildtiere hat der stets vorhandene Fluchttrieb art- und selbsterhaltende Bedeutung. Er kann jederzeit aktiviert werden und blockiert dann alle anderen Triebe, selbst den Geschlechtstrieb. Gefangene Wildtiere können, wenn der Fluchttrieb nicht abgebaut werden kann, verhungern, weil ihr Fluchttrieb Hunger und Durst verdrängt.

Auch für den Urahn des Hundes war der stete Fluchttrieb arterhaltend. Beim Haushund dagegen führt er zu Konflikten. Der scheue Hund ist eine Gefahrenquelle für die Umwelt, weil er »kopflos«, d.h. seinem Fluchttrieb gehorchend, reagiert. Der scheue, ängstliche Hund führt in unserer lärmigen Welt ein von steter Angst überschattetes Dasein, er ist vom Beginn bis zum Ende seines Lebens ein unglückliches Geschöpf.

Glücklicherweise ist es gelungen, durch bewußte und »unbewußte« Zuchtauslese den Fluchttrieb beim Hund weitgehend abzubauen, und nur der Hund mit stark reduziertem Fluchttrieb hat heute noch Platz in unserer zivilisierten Welt.

Wer sich einen Hund anschaffen will, der suche sich deshalb aus einem Wurf einen frechen, nicht einen ängstlichen Welpen aus.

Das Wesen

Mit Hilfe von Wesensprüfungen versuchen heute Züchter, die ererbte Wesensgrundlage der zukünftigen Zuchttiere zu erfassen und Tiere mit unerwünschten Anlagen möglichst von der Zucht fernzuhalten, ein Grund mehr, sich einen Rassehund und nicht einen Mischling anzuschaffen.

Es wird deshalb in Züchterkreisen heute viel vom »Wesen« geredet, Vernünftiges und Unvernünftiges. Als Wesen eines Hundes definiert E. Seiferle das durch ererbte und erworbene Verhaltensweisen bestimmte Umweltverhalten eines Hundes.

Weil die erworbenen Komponenten von den ererbten in vielen Fällen kaum mehr zu trennen sind, sagt nur eine in jugendlichem Alter vorgenommene Wesensprüfung etwas über die ererbten Grundlagen aus; eine saubere Trennung der beiden Komponenten bleibt also problematisch. Bei der Erziehung unseres Hundes müssen wir stets bedenken, daß dem Hund ethische Hemmungen völlig fehlen. Er hat keineswegs ein schlechtes Gewissen, wenn er sich nach einer Untat furchtsam verdrückt, sondern er hat Angst vor der Strafe, die nun erfahrungsgemäß eintreten wird.

Hemmungen im Triebbereich des Hundes gibt es nur da, wo sie der Mensch setzt; der Hund lernt auf dem Wege von Erfolg (Lob, Belohnung) und Mißerfolg (Strafe) diese vom Menschen gewollten Hemmungen kennen und richtet sich danach ein.

Dem Hund fehlt jede Einsicht in kausale Zusammenhänge. Einsichtiges Handeln dürfen wir von ihm nicht erwarten. Er handelt gemäß seinen Trieben, seinen Instinkten und seinen Erfahrungen.

Wir müssen dem Hund vor etwas, das er erstrebt, eine von uns gewünschte Leistung bauen. Kleine alltägliche Übungen sind sehr wertvoll: »Sitz!«, »Platz!«, »Gib Laut!«, bevor er einen Leckerbissen erhält. Mit der Zeit »schleifen« sich diese Übungen derart ein, daß sie der Hund auf ein bestimmtes Kommandowort ausführt. So bringen wir ihm z.B. das Herkommen auf Ruf bei. Anfänglich erhält er beim Herkommen einen kleinen Leckerbissen. Es entsteht dann bei ihm die feste Bindung Herkommen – Leckerbissen. Die Übung wird bald zur Gewohnheit, und wir haben einen »appellsicheren« Hund.

Strafen nützen nur, wenn sie gleichzeitig mit dem unerwünschten Verhalten des Hundes erfolgen. Nachträgliche Strafen nützen nichts, weil der Hund niemals eine Strafe mit einer lange vorher erfolgten Handlung in Verbindung bringen wird.

Mit der Erziehung des Junghundes kann nicht früh genug begonnen werden. Junghunde lernen rascher und leichter als alte Hunde. Ein Junghund muß ja in seinem ersten Lebensjahr einen riesigen Erfahrungsschatz sammeln, wenn er in unserer komplizierten Welt überhaupt überleben will.

Diese Fähigkeit, Erfahrungen zu sammeln und sinnvoll einzusetzen, liegt in seiner Natur als Raubtier. Raubtiere sind in dieser Hinsicht viel beweglicher als Pflanzenfresser,

In seiner »Freizeit« begibt sich der Appenzeller Sennenhund gerne auf Mäusefang.

denn Jagen und Erbeuten erfordert eine größere Anpassungsfähigkeit an die Umwelt als Grasabrupfen.

Wichtig ist, daß die von uns gewünschte Leistung anfänglich immer belohnt wird und die Kommandos, die wir geben, kurz und einprägsam sind. Der Hund versteht den Sinn unserer Worte nicht, aber er bringt sie mit der von uns gewünschten Leistung in Verbindung und erwartet nachher die Belohnung.

Die Erziehung eines Hundes erfordert nicht unbedingt große Zeitopfer. Sie soll eigentlich den ganzen Tag so nebenher gehen. Wir müssen, solange der junge Hund um uns herum ist, erzieherisch auf ihn einwirken. Das erfordert nichts als Konsequenz.

Ein Hund versteht nicht, warum er einmal bei Tisch betteln darf, aber dann, wenn Besuch da ist, nicht. Er versteht nicht, warum er einmal auf einem Sessel liegen darf, dann aber wiederum nicht. Was er nicht tun soll, das darf er eben nie tun. Gelingt es ihm einmal, seinen Willen durchzusetzen, dann wird er das immer wieder versuchen. Darum sind Kinder in der Regel schlechte Hundeerzieher, und man soll ihnen die Erziehung des Hundes nicht vollständig überlassen.

Es gibt gute Bücher über Hundeerziehung, aber man muß sie lesen und dann vor allem in die Tat umsetzen. Noch besser ist es, man läßt sich von einem erfahrenen Hundeerzieher belehren und beraten.

Die Schweizerische Kynologische Gesellschaft unterhält fast in jeder größeren Ortschaft eine Sektion, die sich mit der Hundeerziehung befaßt und in wöchentlichen Übungsstunden jedem, der da mitmachen will, Anleitung gibt, wie er seinen Hund erziehen soll.

Ebenso kann man sich in Deutschland und Österreich an die dem VDH bzw. ÖKV angeschlossenen Vereine wenden.

95

Die Triebe

Der Begriff »Trieb« wird heute in der Ethologie häufig durch den Begriff »Motivation« ersetzt. Es ist die Bereitschaft eines Tieres zur Ausführung bestimmter Handlungen und wird durch eine Vielzahl äußerer und innerer Faktoren bestimmt.

Die Instinkte

Der Begriff wird sehr unterschiedlich interpretiert. NIKO TINBERGEN versteht darunter »hierarchisch organisierte nervöse Mechanismen, die auf bestimmte vorwarnende, auslösende und richtende Impulse, sowohl innere wie äußere, ansprechen und sie mit wohlkoordinierten, lebens- und arterhaltenden Bewegungen beantworten«. Einfacher gesagt: Es sind angeborene Verhaltensweisen, die in angeborenen Bewegungsabläufen auf bestimmte Reize in Gang gesetzt werden.

Erste Übungen

»Sennenhunde werden dressiert geboren«, schrieb einmal Prof. ALBERT HEIM. Das stimmt nun freilich nicht ganz, aber HEIM meinte damit eigentlich nur, daß Sennenhunde all das, was der Bauer von einem guten Hund verlangte, nämlich hüten, treiben und bewachen, von Geburt an mitbringen.

Das genügt aber für den Hund von heute, außerhalb des Bauernhofes, nicht mehr. Er muß sich in eine ihm fremde Welt einfügen lernen. Eine umfangreiche Anleitung zur Hundeerziehung würde den Rahmen dieses Buches sprengen. Einige grundsätzliche Hinweise müssen also genügen:

Antiautoritäre Erziehung ist beim Hund völlig fehl am Platze. Sie widerspricht seiner Natur, die sich immer an einem Rudelführer orientieren will. Ist er der Boß, dann tut und läßt er, was er will, und das ist selten das, was wir von ihm erwarten. Also müssen wir ihm zeigen, daß wir der Rudelführer sind. Wird er im Hause gehalten, so heißt die erste erzieherische Maßnahme: **Stubenreinheit.**

Ein junger Hund nimmt relativ viel mehr Nahrung zu sich als ein erwachsener. Also entleert er sich auch häufiger als ein alter Hund. Trotzdem bringt man ihn in der Regel binnen kurzem sauber, wenn man konsequent ist und folgende Regeln beachtet:
• Er wird sich immer nach dem Aufwachen entleeren.
• Er wird sich meistens nach einer Mahlzeit entleeren.
• Läuft er mit gekrümmtem Rücken und gesenktem Kopf unruhig herum, dann heißt das: Raus mit ihm! Und zwar möglichst immer an den gleichen, dafür vorgesehenen Platz.

Anfänglich bringt man den Junghund alle anderthalb bis zwei Stunden auf den »Versäuberungsplatz«. Entleert er sich, so wird er ge-

Auch ein Sennenhund läßt sich zum Fährtenhund ausbilden.

bührend gelobt. Tut sich nichts, so warten wir nicht stundenlang, sondern nehmen ihn wieder ins Haus und halten ein waches Auge auf ihn. Bei Nacht soll der Welpe nicht herumlaufen; denn solange er sich ruhig verhält, bleibt er auch sauber.

Passiert einmal ein Unglück auf einem Teppich, dann müssen wir die Stelle ganz gut mit irgendeinem Duftmittel verwittern (bloßes Waschen genügt keinesfalls), sonst zieht diese Stelle den Hund für weitere Verrichtungen geradezu magisch an.

Bei älteren Hunden, die nur noch einmal täglich Futter erhalten, kann die gestörte Nachtruhe für den Besitzer zu einem Problem werden. Die Passage der Nahrung durch den Darm dauert bei einem gesunden Hund ungefähr zwölf Stunden. Erhält er am Mittag ein voluminöses Futter, z.B. einen großen Knochen, oder rohfaserreiches Futter, z.B.

Gemüse, dann wird er sich unweigerlich kurz nach Mitternacht entleeren müssen. Wir verlegen deshalb die Hauptmahlzeit des erwachsenen Hundes mit Vorteil auf den späten Abend. Er verdaut dann über Nacht und wird sich in den ersten Vormittagsstunden entleeren und somit nicht mehr unsere Nachtruhe stören.

Grundregeln der Erziehung

Steter Tropfen höhlt den Stein! Also konsequent sein.
Vor jede Belohnung eine Leistung setzen. Geübt und erzogen wird zu Hause, auf dem Spaziergang und auf dem Übungsplatz. Mitmachen in einem Erziehungskurs lehrt den Hund, auch unter Ablenkung zu gehorchen.

Allein sein

Hunde, die nicht allein sein können, sind eine arge Belastung. Es gibt viele Fälle, wo wir unseren Hund nicht mitnehmen können, sondern ihn allein zu Hause lassen müssen. Daher muß jeder Hund lernen, einige Stunden allein in der Wohnung zu bleiben, ohne durch sein andauerndes Gebell die Nachbarn zu belästigen oder die halbe Wohnungseinrichtung zu demolieren.

Ans Alleinsein muß jedoch der Hund von jung auf gewöhnt werden. Als ein die Geselligkeit liebendes Tier mit einer engen Bindung an seinen Herrn wird er anfänglich gegen das Alleinsein protestieren. Zu-

dem kommt er ja aus dem Geschwisterverband heraus zum neuen Besitzer, ist somit an das Alleinsein gar nicht gewöhnt.

Mit der Erziehung zum Alleinsein beginnen wir aber erst, wenn sich der Junghund an die neue Wohnung gewöhnt hat, er darf dabei nicht Angstzustände kriegen, sonst erreichen wir gerade das Gegenteil von dem, was wir wollen.

Kennt er sich in der Wohnung aus, so muß er jeden Tag zu einer bestimmten Stunde allein in den dafür bestimmten Raum, vielleicht in die Küche, in ein Zimmer oder auch in den Hundezwinger. Zur Beschäftigung bekommt er einen Knochen, einen »Büffellederknochen«

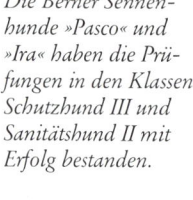

Die Berner Sennenhunde »Pasco« und »Ira« haben die Prüfungen in den Klassen Schutzhund III und Sanitätshund II mit Erfolg bestanden.

oder sonst etwas zum Benagen, und dann bleibt er allein. Proteste tragen ihm höchstens scharfe Schimpfworte ein.

Dermaßen frühzeitig ans Alleinsein gewöhnte Hunde darf man nachher ruhig zwei, drei Stunden allein lassen. Falsch wäre es aber, den Hund tagelang sich selbst zu überlassen, das ist Tierquälerei. Wer den ganzen Tag über zur Arbeit außer Haus ist, der schaffe sich keinen Junghund an, denn dauernd allein in einer Wohnung gelassen zu werden, das ist kein Hundeleben, ganz abgesehen davon, daß diese Hunde nie stubenrein werden.

Leinenführigkeit

Zur allerersten Erziehung gehört ebenfalls die Leinenführigkeit. Der frei laufende Hund ist auf der verkehrsreichen Straße und erst recht im Stadtverkehr dauernd an Leib und Leben gefährdet und bildet selber eine dauernde Gefahrenquelle für alle Verkehrsteilnehmer. Deshalb machen wir uns zur Regel: Auch der »frei bei Fuß« gehende Hund gehört im Straßenverkehr an die Leine. Ein Spaziergang mit einem nicht leinenführigen Hund ist aber ein zweifelhaftes Vergnügen und eine Quelle der Heiterkeit für die Zuschauer. Wir wollen uns aber nicht als Witzblattfiguren der Lächerlichkeit preisgeben, sondern wir wollen unseren Hund korrekt ausführen. Beiden, Mensch und Hund, soll der Spaziergang Freude bereiten.

Meistens sind dem Hund, wenn er vom Züchter kommt, Halsband und Leine noch unbekannt, man muß ihn also zuerst an beides gewöhnen.

Als erstes legen wir ihm ein leichtes Halsband um, keine Kette, deren Klirren ihn dauernd irritiert. Spätestens nach einem Tag hat er sich mit dem ungewohnten Ding abgefunden.

Nun befestigen wir die Leine am Halsband und lassen sie hinter dem Hund am Boden nachschleifen. So gehen wir mit ihm ins Freie. Allerlei fremde interessante Gerüche lassen ihn die Leine sofort vergessen. Nach einer Weile fassen wir die Leine und folgen vorerst nach Möglichkeit dem Hund.

Plötzlich wird sich die Leine, sei es mit unserer Absicht oder nicht, straffen. Erschreckt sucht sich der Hund dem würgenden Ding zu entziehen, er bockt, was seine Lage aber nur noch verschlimmert.

Wir sprechen ihm beruhigend zu, ohne jedoch die Leine loszulassen. Nach einer Viertelstunde wird die Übung abgebrochen und erst Stunden später wiederholt. Wenn wir anfänglich dem Hund noch gefolgt sind, so beginnen wir nun allmählich, immer unter gutem Zusprechen, Richtung und Tempo des Marsches an der Leine selber zu bestimmen. Es gilt jetzt, von allem Anfang an, den Hund daran zu hindern, daß er an der Leine zerrt und reißt. Legt er sich in die Leine und stürmt nach vorne, so reißt ihn ein scharfer Ruck zurück, und gleichzeitig ertönt der scharfe Befehl »Fuß!«; läuft er richtig, kommt das lobende »Brav!«. Es ist ein zweifelhaftes Vergnügen, einen erwachsenen Rüden spazierenzuführen, wenn der Hund Richtung und Tempo des Spazierganges diktiert.

Das Herkommen

Hier nehmen wir am besten kleine Leckerbissen zu Hilfe. Sobald unser Hund auf Zuruf hergekommen ist, erhält er ihn. So entsteht bei ihm die Verknüpfung: Herkommen – Leckerbissen. Er wird dieser Übung freudig folgen, und wir können schon bald den Leckerbissen wieder weglassen. Ihn zu strafen, wenn er nicht sofort herkommt, ist falsch, denn so entsteht bei ihm die Verknüpfung: Herkommen – Strafe; also bleibe ich lieber außer Reichweite!

Notfalls hilft beim Appell-Üben auch eine lange Leine. Darunter verstehen wir eine acht bis zehn Meter lange kräftige Schnur, die dem Hund ein Entfernen von uns erlaubt, ihn aber doch nicht ganz von uns befreit. Leider merken unsere Hunde aber sehr bald, daß ein Unterschied zwischen langer Leine und Freilaufen besteht. An der langen Leine kommen sie auf Befehl sofort her, ohne Leine jedoch ignorieren sie unseren Befehl.

Hier hilft vielleicht eine klirrende Wurfkette, sofern man trifft!

Als eiserne Regel gilt: Nie dem Hund nachrennen, wenn er sich von uns entfernt. Er wird diese Jagd als freudiges Spiel auffassen. Das Gegenteil ist richtig: Umkehren und in die andere Richtung gehen. Wenn die Bindung Mensch-Hund einigermaßen funktioniert, dann wird der Hund ebenfalls umkehren und seinem Herrn bzw. seiner Herrin nachlaufen.

Wir sollten auch zu Beginn unserer gemeinsamen Spaziergänge nicht viertelstundenlang stehenbleiben und uns mit Bekannten unterhalten. Der Hund vermag unserer Unterhaltung nicht zu folgen und langweilt sich. Also: Möglichst zügig voranschreiten, so daß der Hund uns folgen muß, wenn er uns nicht aus den Augen verlieren will.

Spazierengehen fördert den so wichtigen und schönen Kontakt zwischen Mensch und Hund. Ich kenne viele Fälle, in denen der Hund sich demjenigen Familienmitglied besonders eng angeschlossen hat, das täglich mit ihm spazierenging, und nicht demjenigen, das ihn täglich fütterte.

Hundesport mit dem Sennenhund

Berner Sennenhunde sind sportliche, sehr bewegliche Hunde.

Schweizer Sennenhunde sind vielseitige Hunde und lernen rasch, ja, sie verlangen geradezu nach einer ihnen angepaßten sinnvollen Betätigung. Der Möglichkeiten, mit dem Hund zu arbeiten, sei es im Rahmen einer Prüfungsordnung der kynologischen Vereine, sei es in einem Agilityprogramm, gibt es sehr viele.

Dabei gilt es, die natürlichen Fähigkeiten des Hundes zu fördern, der Hund soll Freude an der Arbeit haben. Stures Exerzieren im Stile der Rekrutenausbildung von anno dazumal lehne ich ab. Es mag dem persönlichen Prestige dienen, nicht aber dem Hund.

Die kynologischen Vereine bieten heute eine breite Palette von Kursen an, jeder kann wählen, was ihm und seinem Hund zusagt.

Sennenhunde, vor allem Appenzeller und Entlebucher, die an Prüfungen in den ersten Rängen stehen, sind heute keine Seltenheit mehr.

Körper- und Gesundheitspflege für Sennenhunde

Fellpflege

Die stockhaarigen Sennenhunde sind relativ »pflegeleicht«. Ihr straffes Haar wirkt schmutz- und wasserabstoßend. Mehr als kräftiges Bürsten ist normalerweise nicht nötig. Aber einmal im Jahr, meistens im Frühjahr, verlieren diese Hunde nicht nur das harte Deckhaar, sondern auch die darunterliegende feine Unterwolle, und das kann in der Wohnung sehr lästige Spuren hinterlassen, weil sich dieses feine Wollhaar in den Teppichen und an den Polstermöbeln festsetzt.

Tritt der Haarwechsel ein, muß der Hund immer wieder mit einem Kamm so lange durchgekämmt werden, bis darin kein Haar mehr hängenbleibt. Anschließend wird er noch gründlich gebürstet. Vielleicht erscheint unser Hund eine Zeitlang wie mit grauweißem Staub bedeckt. Das ist Haarfett, das durch vermehrtes Kämmen und Bürsten und auch durch den Haarwechsel besonders reichlich abgesondert wird.

Dieser »Staub« verschwindet jedoch bald wieder.

Baden soll man den Hund nur, wenn es wirklich notwendig ist. Mit dem Bad wäscht man ihm das Haarfett aus dem Pelz und beraubt ihn so seines besten natürlichen Kälte- und Nässeschutzes.

Aufwendiger ist die Haarpflege beim Berner Sennenhund, besonders dann, wenn er nicht schlichthaarig ist, sondern ein stark gewelltes oder gar gekraustes Fell hat. Ohne fleißiges Durchkämmen verfilzt derartiges Haar bald, und zwar zuerst an den »Hosen«, an der Rute, an der Halskrause und hinter den Ohren, später am ganzen Körper. Ein Berner Sennenhund soll aber keine Filzplatten und Filzschnüre aufweisen wie z.B. ein Puli; ein verfilzter »Berner« stellt seinem Herrn ein schlechtes Zeugnis aus.

Der »Berner« kann jeden Tag gründlich durchgekämmt werden, es genügt aber auch zweimal pro Woche, wenn dabei alle verfilzten Stellen verschwinden.

Viele Besitzer eines Berner Sennenhundes, die ihren »Bäri« zum er-

stenmal auf einer Ausstellung vorführen, machen den Fehler, den Hund am Vorabend der Ausstellung noch zu baden. Die Folgen sind enttäuschend.

Der Hund soll nach dem Standard ein schlichtes Langhaar haben. Daran hat sich der Richter zu halten.

Der frisch gebadete Hund erscheint aber nun in einem luftig lockeren Pelz vor dem Richter, nicht unähnlich einem gut frisierten Pudel. Der Richter wird wenig Gefallen an dieser Aufmachung finden und den Hund unter Umständen schlechter qualifizieren, als er es eigentlich verdient hätte.

Deshalb ein guter Rat: Wer seinen Berner Sennenhund ausstellen will, der bade ihn drei bis vier Tage vorher und sorge dann dafür, daß sich der Hund nicht kurz vorher noch arg verschmutzt. Übrigens ist es ein Irrtum, zu glauben, man könne Versäumnisse in der Haarpflege innerhalb weniger Stunden vor einer Ausstellung wieder gutmachen!

Die stockhaarigen Rassen bedürfen vor einer Ausstellung kaum einer besonderen Haarpflege. Freilich kann auch hier ein Bad einige Tage davor nur nützen und nicht schaden. Man verwendet dazu ein spezielles Bademittel. Das erhöht den Haarglanz ganz wesentlich.

Flöhe, Läuse und Milben

Beim Bürsten und Kämmen des Hundes achten wir darauf, ob sich »Untermieter« im Pelz des Hundes eingenistet haben.

Kleine schwarze Kügelchen – es ist geronnenes Blut und stammt von

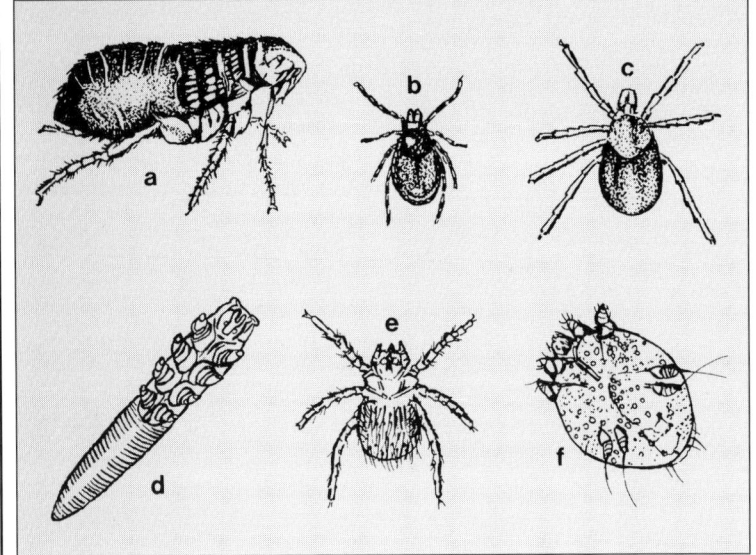

Flohstichen her – beweisen das Vorhandensein von **Flöhen**, auch wenn wir die Schmarotzer selbst nicht entdecken können. Dagegen gibt es heute gute Bekämpfungsmittel in Form von Puder oder Spray.

Eine alte Bauernweisheit, wonach nur gesunde Hunde Flöhe haben, Flohbefall also geradezu ein Zeichen von Gesundheit sei, ist natürlich Unsinn.

Dasselbe gilt für **Läuse**, die besonders Welpen recht gefährlich werden können. Hundeläuse werden häufig übersehen, weil sie sehr klein sind. Sie, aber vor allem die Flöhe, sind Ursache von Hautentzündungen, und zudem sind Flöhe und Läuse Zwischenwirte des Hundebandwurms. Läuse setzen sich mit Vorliebe hinter den Ohren und am Nacken des Hundes fest, hier kleben sie auch ihre winzigen Eier an den Haaren fest.

Stellen wir also beim Hund Läuse fest, so muß die Bekämpfung nach einer Woche wiederholt werden, um dann die unterdessen neu aus den Eiern geschlüpften Parasiten ebenfalls zu vernichten. Ein warmes Bad mit einem tüchtigen Schuß eines speziellen Arzneimittels vernichtet hoffentlich auch die hartnäckigsten Läuseeier.

Milben sind mit bloßem Auge kaum sichtbar. Kratzt sich ein Hund häufig und stellen wir weder Flöhe noch Läuse fest, so besteht der Verdacht auf Milbenbefall. Diese Behandlung ist Sache des Tierarztes, es hat keinen Zweck, hier mit Hausmitteln zu pfuschen.

Zecken

Zecken sind, wenn sie sich einmal in die Haut des Hundes eingebohrt haben und zu erbsengroßen Kugeln angeschwollen sind, kaum zu übersehen. Besser ist, es nicht soweit kommen zu lassen.

Vor allem im Frühjahr und im Nachsommer können sie bei Hunden, die beim Spaziergang durchs Gebüsch gestreift sind, zu Dutzenden vom Fell »abgelesen« werden. Ein Zecken- oder Flohhalsband – es ist mit einem Insektizid versehen –, wie es heute im Handel erhältlich ist, lähmt die Zecken. Sie bohren sich nicht sofort in die Haut des Hundes ein und können nach dem Spaziergang mit Kamm und Bürste entfernt werden. Hat sich eine Zecke erst einmal eingebohrt, schwillt sie binnen kurzem zu einer erbsengroßen, grauen Kugel an.

Mit der Zeit bekommt man einige Übung im Entfernen von Zecken: Man faßt sie mit den Fingernägeln, dreht und reißt sie aus. Besser geht es mit einer **Zeckenzange**, einem einfachen Instrument, das man im Zoofachhandel bekommt. Das Beträufeln der Zecken mit Petroleum oder Öl hilft nicht und

kann zu Entzündungen der Haut führen.

Zecken können Überträger von Krankheiten (Enzephalitis, Borreliose) sein. Zeigt ein Hund nach Zeckenbissen Anzeichen einer Erkrankung, sollte man den Tierarzt beiziehen und ihm sagen, wann der Hund von Zecken befallen worden ist.

Krallen-schneiden

Ein Sennenhund, der täglich einen Spaziergang von mindestens einer Stunde Dauer absolviert oder der stundenweise in einem Zwinger mit hartem Boden gehalten wird, wird seine Krallen normalerweise ablaufen. Auf weichem Boden jedoch ist die Krallenabnützung gering; sie

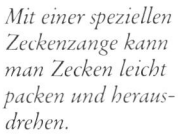

Mit einer speziellen Zeckenzange kann man Zecken leicht packen und herausdrehen.

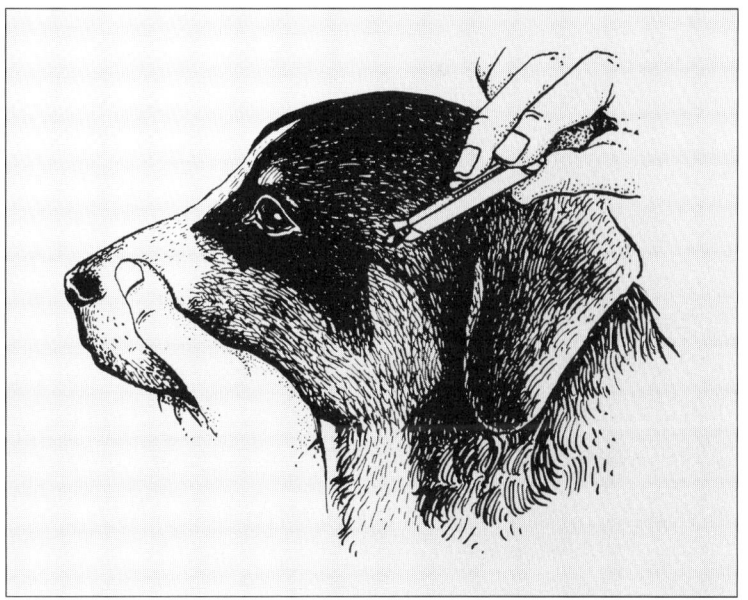

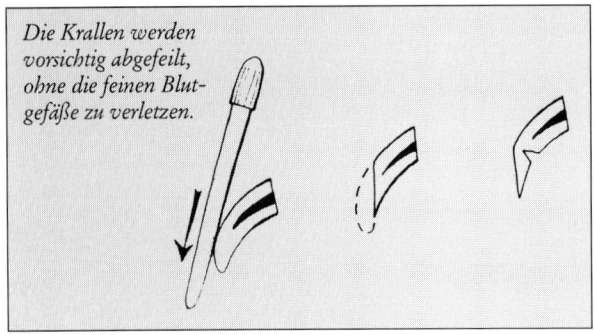

Die Krallen werden vorsichtig abgefeilt, ohne die feinen Blutgefäße zu verletzen.

putzt dem Hund damit wöchentlich einmal mit einer kleinen Zahnbürste die Zähne. Weil diese Zahnpflegemittel offenbar einen Hunden zusagenden Geschmack haben, lassen sie sich das Zähneputzen in der Regel problemlos gefallen.

müssen dann gekürzt werden. Dies wird besonders häufig dann nötig sein, wenn sich die Daumenkrallen der Vorderpfoten stark krümmen.

Krallenschneiden ist bei Hunden von der Größe eines Sennenhundes nicht problemlos. Die Krallen sind hart, mit einer Schere läßt sich keine Kralle kürzen. Dazu benötigt man eine Zange. Hunde schätzen das Krallenschneiden gar nicht und wehren sich. Statt sich dabei Bisse einzuhandeln, überläßt man diese Prozedur dem erfahrenen Tierpfleger oder dem Tierarzt.

Zahnpflege

Zur regelmäßigen Körperpflege gehört auch die Kontrolle des Gebisses. Beginnenden Zahnstein – Sennenhunde neigen relativ wenig zu Zahnsteinbildung – entfernt man am besten mit einem Zahnsteinkratzer. Zahnstein führt zu Zahnfleischentzündungen, übelriechendem Mundgeruch und später zu Parodontose und Zahnausfall.

Es gibt heute gute Zahnpflegemittel für Hunde, die Zahnsteinbildung weitgehend verhindern. Man

Augenpflege

Große Schweizer und Berner Sennenhunde neigen relativ häufig zu Mißbildungen des unteren, bisweilen auch des oberen Augenlids. Hat ein Hund dauernd entzündete Bindehäute, so ist er dem Tierarzt vorzuführen.

Bei einem **Entropium** ist der untere Lidrand eingestülpt, die Wimpern reizen dann dauernd den Augapfel, die Bindehäute sind entzündet.

Das **Ektropium** ist eine Ausstülpung des unteren Augenlids, das vor allem beim Großen Schweizer Sennenhund recht häufig auftritt. Die stark gerötete Bindehaut fällt sogar dem Laien auf. Abhilfe bringt in beiden Fällen nur die Operation.

Ohrenpflege

Schüttelt der Hund häufig den Kopf oder kratzt er sich häufig an den Ohrmuscheln, dann leidet er an einer Entzündung des äußeren Gehörgangs (Otitis externa). Man hüte sich, mit Ohrenstäbchen im Ohr herumzustochern oder dem Hund ein »sicher wirkendes« Mittel

Innere Parasiten:
a Spulwurm, b Band-
wurm mit Kopf.

aus Großmutters Hausapotheke ins Ohr zu schütten. Eine Otitis externa wirksam zu behandeln, ist Sache des Tierarztes.

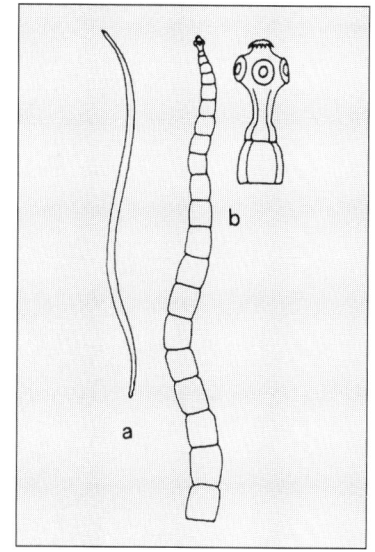

Vorhaut-katarrh des Rüden

Immer wieder stelle ich an Ausstellungen bei Rüden einen Vorhaut-katarrh, auch »Hundetripper« genannt, fest. An sich ist das keine schlimme Sache, aber viele Rüden lecken sich dann dauernd. Appetitlosigkeit ist oftmals die Folge eines Vorhautkatarrhs. Die Behandlung mit Antibiotika ist einfach, der Erfolg leider aber selten von Dauer.

Wurmkuren

Solange Welpen Muttermilch bekommen, sind sie von Spulwürmern befallen. Ausnahmen bestätigen nur die Regel. Der seriöse Züchter wird deshalb die Welpen in regelmäßigen Abständen entwurmen und den Junghund praktisch wurmfrei an den Käufer abgeben. Reinfektionen sind aber immer möglich.

Lästiger, weil weit weniger gut zu bekämpfen, sind die Band-, Peitschen- und Hakenwürmer. Ein Bandwurmbefall des Hundes entgeht dem Besitzer meistens nicht, weil der Hund mit dem Kot weiße

Bandwurmglieder abstößt. Dagegen sind Hakenwürmer kaum mit bloßem Auge erkennbar.

Wenn der Hund auf dem After »Schlitten fährt«, dann leidet er entweder an verstopften Analdrüsen oder an Würmern.

Spulwürmer können mit Piperazinpräparaten leicht und wirksam bekämpft werden; die Bekämpfung anderer Würmer ist Sache des Tierarztes. Regelmäßige Wurmkuren sind sinnlos und belasten den Hund unnötigerweise. Eine Wurmkur ist erst dann vorzunehmen, wenn der Tierarzt anhand von Kotuntersuchungen die Art der Parasiten festgestellt hat.

Impfen

Ein Junghund muß, bevor er den Zwinger des Züchters verläßt, gegen Parvovirose, Staupe, Hepatitis und

107

Leptospirose geimpft sein. Diese Impfungen sind mit Vorteil auch beim erwachsenen Hund alle zwei Jahre zu wiederholen. Die Tollwutimpfung ist heute in allen europäischen Ländern obligatorisch, sie sollte möglichst nicht vor dem vollendeten 6. Monat vorgenommen werden. Mit der Tollwutimpfung schützen wir nicht nur den Hund, sondern auch uns selber.

Es gibt heute verschiedene Impfstoffe, die alle genügend überprüft und wirksam sind. Impfdurchbrüche, d.h. Erkrankungen nach einer Impfung, sind bis heute nicht bekanntgeworden.

Es kann vorkommen, daß ein junger Hund auf eine Impfung mit allergischen Erscheinungen reagiert, dabei handelt es sich aber nicht um eine Reaktion auf das Tollwutvirus, sondern auf den Virusträger (Eiweiß).

Die Immunität dauert in der Regel sicher ein Jahr.

Magen-drehung

Große Hunde, und dazu gehört vor allem der Große Schweizer Sennenhund, aber auch der Berner Sennenhund kann dazu gezählt werden, sind disponiert für Magendrehungen.

Dabei dreht sich der Magen, meistens nach einer reichlichen Mahl-

Impfplan nach Prof. Dr. A. Mayr

Impfkalender für Hunde					
	Primovaccination		Revaccination		Auffrischungs-impfungen nach _ Jahren
	(6.-) 8. Woche	10. Woche	(10.) 12. Woche	14. Woche	
Staupe		●[1]		●	1–2
H. c. c.		●		●	1–2
Leptospirose		●		●	1
Tollwut		●		●	1[2]
Parvovirose	●		●		1[3]
Zwingerhusten	●		●		1[4]

[1] Notimpfung jüngerer Welpen ab der 4. Lebenswoche mit Masern-Lebend-Vaccine möglich (Nachimpfung mit Staupe erforderlich)
[2] Gemäß entsprechenden Verordnungen der Veterinärämter
[3] Bei Infektionsgefahr Auffrischungsimpfung bereits nach 6 bis 9 Monaten; Muttertier-Schutzimpfung etwa in der Mitte der Trächtigkeit mit Impfstoffen aus inaktivierten Erregern empfehlenswert
[4] Vor der kalten Jahreszeit und möglichst kurz vor der Wurfperiode
(Aus H. Räber, Brevier neuzeitlicher Hundezucht)

zeit oder übermäßiger Wasseraufnahme, um seine Längsachse. Der Magenausgang wird dadurch blockiert, die sich nun stauenden Gase führen innerhalb kurzer Zeit zu starken Blähungen, deren Folgen Kreislaufzusammenbruch und Tod sind, wenn nicht sofort operiert werden kann.

Besteht also Verdacht auf Magendrehung – der Hund liegt apathisch herum, seine Bauchdecke fühlt sich gespannt an, er verweigert jede Nahrung –, dann muß sofort der Tierarzt aufgesucht werden.

Gesundheitspflege

- Richtige Ernährung
- Genügend Bewegung
- Sinnvolle Beschäftigung
- Zuwendung
- Regelmäßige Fellpflege
- Innere und äußere Parasiten bekämpfen
- Zahnsteinbildung verhindern
- Augen und Ohren regelmäßig kontrollieren
- Krallenschneiden
- Impfplan beachten

Ist der Hund krank?

Ein Hund, der Gras frißt, ist nicht krank. Er deckt mit dem Grasfressen seinen Vitaminbedarf, oder er ersetzt fehlende Ballaststoffe im Futter.

Eine »trockene Nase« ist kein Zeichen von Fieber, schlafende Hunde haben meistens eine trockene Nase.

Ein Hund, der mit Gier Pferdemist oder Aas frißt, ist nicht krank, ihm fehlt irgendein Stoff in seinem Futter.

Kleinere gesundheitliche Störungen gehen bei Hunden meistens rasch vorüber. Es ist mit den Hunden ähnlich wie bei Kindern: Sie sind schnell unpäßlich, aber auch sehr rasch wieder völlig gesund.

Ist der Hund über zwei Tage unpäßlich oder zeigt er starke Schmerzen, dann sollte er dem Tierarzt vorgeführt werden.

Erbkrankheiten

Es kann nicht Sache dieses Buches sein, auf alle erblich bedingten Krankheiten einzugehen, die bei Sennenhunden – wie übrigens auch bei den meisten anderen Hunderassen und Bastarden – auftreten können. Hingewiesen sei lediglich auf zwei, die bei Sennenhunden relativ häufig sind, die jedoch mit zunehmendem Erfolg bekämpft und zudem, abgesehen von schweren Fällen, therapeutisch angegangen werden können.

Die Hüftgelenksdysplasie (HD)

HD ist eine Deformation der Hüftgelenke, die früher oder später zu einer Arthrosis deformans führt. Das Endstadium ist eine vollständige Zerstörung des Hüftgelenks. Es be-

a Normales Hüftgelenk bei gestreckten Hinterbeinen, tiefe, kugelige Gelenkpfanne, in die der kugelige, deutlich vom Hals abgesetzte Femurkopf hineinpaßt. Die Gelenkspalte ist sehr schmal. Der Gelenkkopf sitzt fest in der Pfanne.
b Normales Hüftgelenk bei gebeugten, abgewinkelten Gliedmaßen. Die Gelenkpfanne umfaßt den Femurkopf in einem gleichmäßigen Krümmungsradius bis zum äußersten Ende des vorderen Pfannenrandes.
c HD 3. Grades. Der Femurkopf zeigt eine ausgeprägte osteoarthrotische Veränderung. Die Gelenkpfanne ist abgeflacht.
d HD 4. Grades. Luxation der stark veränderten Femurköpfe. Die Gelenkpfanne ist stark abgeflacht.

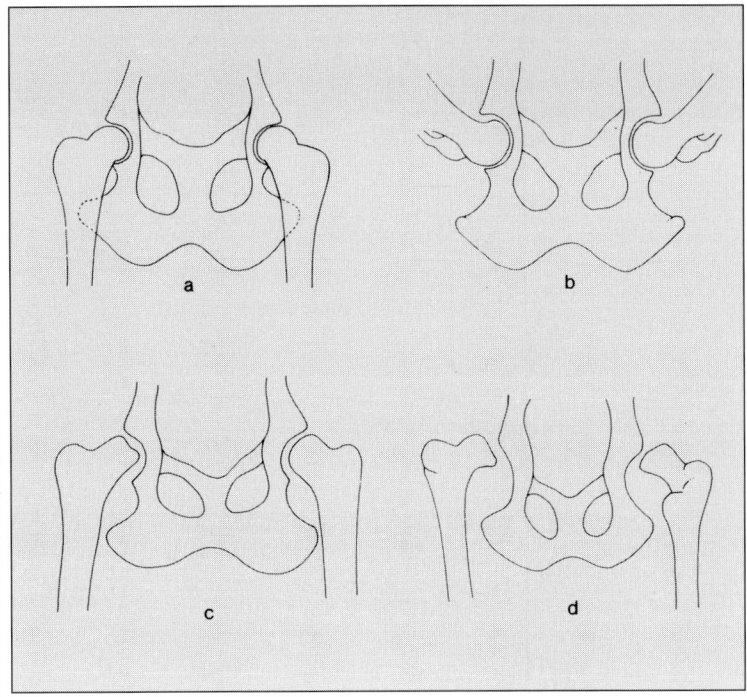

steht mit Sicherheit eine erbliche Veranlagung zur HD, der Erbgang ist aber noch wenig geklärt. Umweltfaktoren, wie Fütterung und Haltung, fördern oder unterdrücken die Krankheit. Sie kann nur mit Hilfe einer Röntgenaufnahme mit Sicherheit diagnostiziert werden, wobei leichtgradige HD nicht vor dem 12. Lebensmonat des Hundes sichtbar ist.

Die Schwere der Deformation wird in verschiedenen Ländern unterschiedlich bezeichnet, prinzipiell unterscheidet man überall so:

HD-frei: Der vordere Gelenkpfannenrand ist bis an sein äußerstes Ende nach innen gleichmäßig konkav. Der Oberschenkelhals (Femurhals) ist frei von Auflagerungen. Der Gelenkkopf ist konzentrisch in der Pfanne gelagert.

HD 1. Grades: Abflachung des vorderen Pfannenrandes. Feine Auflagerungen am Femurhals. Lockerer Sitz des Femurkopfes.

HD 2. Grades: Abflachung der Gelenkpfanne. Deutliche Auflagerungen am Oberschenkelhals. Lockerer Sitz des Femurkopfes.

HD 3. Grades: Stark abgeflachte Gelenkpfanne. Osteoarthrotische Veränderungen. Stark gelockerter Sitz des Femurkopfes.

HD 4. Grades: Ähnliche Veränderungen wie bei HD 3. Grades, jedoch mit vollständiger Luxation des Femurkopfes (nach Jenny).

Je nach Schwere der Mißbildung tritt früher oder später eine mehr oder weniger starke Behinderung des Hundes auf.

Noch vor einigen Jahren war man allgemein der Ansicht, die HD sei nur eine Krankheit der großen Rassen. Es erstaunte deshalb niemanden, als sich bei systematischen Röntgenkontrollen zeigte, daß rund 30 % der Großen Schweizer und rund 40 % der Berner mehr oder weniger stark mit HD belastet waren. Was man aber kaum erwartet hatte, war die Tatsache, daß von 100 untersuchten Entlebucher Sennenhunden 42 HD aufwiesen. Die besten Ergebnisse zeigte der Appenzeller mit nur 13 %.

Mit zuchthygienischen Maßnahmen sucht man jetzt das Übel zu bekämpfen. Zuchttiere müssen vor der Zuchtverwendung geröntgt werden. Bei den meisten Sennenhunden (die Zuchtbestimmungen in den verschiedenen Ländern sind nicht einheitlich) werden Hündinnen mit HD 1. Grades noch zur Zucht zugelassen, HD 2. Grades jedoch schließt sie von der Zucht aus. Bei Rüden läßt man nur HD-freie Tiere zur Zucht zu.

Die getroffenen Maßnahmen blieben nicht ohne Erfolge: So konnte beim Berner innerhalb von 20 Jahren der Anteil der HD-freien Hunde von 62 % auf 85 % gesteigert werden. Eine ähnliche Besserung ist beim Entlebucher Sennenhund festzustellen. Im Jahr 1975 waren von den untersuchten Hunden nur gerade 45 % HD-frei, 1984 waren es jedoch 74 %, doch beruhen die Zahlen auf relativ wenig untersuchten Hunden, so daß sie nicht verallgemeinert werden dürfen.

Für die beiden anderen Rassen fehlen mir genaue Zahlen, doch dürfte auch hier der Anteil der HD-freien Hunde im gleichen Rahmen angestiegen sein.

Ein Sennenhund mit einer HD 1. bis 2. Grades, der von uns nicht überfordert und auch nicht gemästet wird, kann ein wertvoller Wach- und Begleithund sein und ohne Beschwerden alt werden.

Die Furcht, einen Hund mit HD zu bekommen, sollte niemanden davon abhalten, sich einen Sennenhund zu kaufen. Man kauft ihn aber beim Züchter, der nur mit angekörten Tieren züchtet, denn angekört werden (d.h. eine Zuchtbewilligung erhalten) durch die Rasseklubs nur noch HD-freie Hunde...

Die Wachstumslahmheit

Ein weiteres Problem ist die sogenannte »Wachstumslahmheit«. Es handelt sich dabei um Erkrankungen im Bereich des Ellbogen- und des Schultergelenks. Die Veterinärmedizin unterscheidet drei spezifische Störungen.

Betroffen von der Krankheit sind besonders große und frohwüchsige Rassen, und zwar vor allem dann, wenn das Skelett während der Wachstumsperiode überbeansprucht wird oder wenn zu energiereich gefüttert wird. Die Krankheit äußert sich in einer Lahmheit der Vorderläufe oder auch in einem unregelmäßigen Gang des Junghundes (zwischen vier und acht Monaten). Später treten Schmerzen im Ellbogen- oder Schultergelenk und ein Schwund der Schultermuskulatur auf.

Am meisten betroffen scheint z. Z. der Berner zu sein; beim Großen Schweizer tritt die Krankheit anscheinend weniger häufig auf; für die kleinen Rassen fehlen bisher genaue Untersuchungsergebnisse.

KAPITEL

15

Mit dem Sennenhund auf Ausstellungen

Hundeausstellungen ziehen immer noch ein zahlreiches Publikum an.

Zuchtschau oder Modeschau?

»Hundeausstellungen sind die Schaufenster der Kynologie«, schrieb vor Jahren die bekannte Autorin von Hundebüchern, LENI FIEDELMEIER. Der Satz hat immer noch seine Gültigkeit, nur hat sich die »Auslage« im »Schaufenster« im Laufe der Zeit wesentlich geändert.

Früher redete man nicht von »Ausstellungen«, sondern von »Zuchtschauen«, womit dokumentiert wurde, daß der Hund im Mittelpunkt des ganzen Geschehens stand. Solche Zuchtschauen dauerten denn auch anfänglich fünf Tage, später noch drei Tage, dann zwei Tage und heute nur noch einen Tag. Und im Mittelpunkt steht nicht mehr unbedingt der Hund, sondern der Mensch!

Ehemals diente die Ausstellung der Zuchtauslese, heute sind es reine Schönheitskonkurrenzen; die eigentliche Zuchtauslese hat sich auf die Ankörungen verlagert. So kann es durchaus vorkommen, daß ein Hund auf einer Ausstellung mit den höchsten Noten bewertet und dann auf einer Körschau wegen Wesens- oder anderer Mängel als zucht-untauglich erklärt wird.

Boshafte Zungen reden heute von einer Modeschau statt von einer Hundeausstellung, und ganz so un-recht haben sie nicht. Da fahren Aussteller mit ganzen Schönheitssa-lons auf, da wird gepudert, gesprayt, gefärbt, geschnipselt, gestriegelt, gebürstet und gekämmt, was das Zeug hält. Ganze Puderwolken und der Gestank der verschiedenen Haarsprays verpesten die Luft, und anscheinend denkt niemand daran, was diese Chemie für die empfindli-chen Hundenasen bedeuten muß.

Das sind betrübliche Auswüchse, und es wäre an der Zeit, daß die zu-ständigen Verbände, und vor allem die Richter, diesem unwürdigen Tun einen Riegel vorschieben.

an **Ringdressur**. Der Hund soll ohne Widerstand sein Gebiß kon-trollieren lassen; Ringkämpfe zwi-schen Hund, Besitzer und Richter bei der Gebißkontrolle gibt es leider immer noch. Ältere Hunde haben oft Zahnstein. Daß dieser vor der Ausstellung durch den Tierarzt gründlich entfernt werden muß, sollte eigentlich selbstverständlich sein, ist es aber leider nicht.

Der Hund soll, ohne an der Lei-ne zu zerren, dem Richter zeigen, wie er sich beim ruhigen Gehen und im Trab bewegt, er soll sich aber auch ruhig und in möglichst vorteil-hafter Stellung vor den Richter hin-stellen. Kurz und gut: Er muß ler-nen, seine Vorzüge ins beste Licht zu rücken.

All das kann vor der Ausstellung zu Hause geübt werden.

Die Vorberei-tung auf die Ausstellung

Vom Sinn der Hundeaus-stellungen

Vor den soeben geschilderten üblen Machenschaften sind die Sennen-hunde bisher (!) verschont geblie-ben. Daß man einen Berner Sennen-hund zwei bis drei Tage vor der Ausstellung gründlich badet, damit sein Fell glänzt, geht in Ordnung, schließlich wird ja damit am Hund nichts verändert. Ein Bad mit einem geeigneten Hundeshampoo schadet auch den drei stockhaarigen Rassen nicht.

Zur Vorbereitung auf die Aus-stellung gehört auch ein Minimum

Es liegt in der Natur des Menschen, daß er das, was er geschaffen hat, mit dem vergleichen will, was ande-re können und geschaffen haben. Konkurrenz spornt zu Leistungen an, und das ist überall zu begrüßen – auch in der Hundezucht. Der Hun-dezüchter muß sich dieser Konkur-renz stellen, sie ist für ihn geradezu ein Muß, wenn er bekannt werden will. Und vom Bekanntheitsgrad ei-nes Zwingers hängen dann sehr oft auch die Welpenpreise ab.

Von der Ausstellungsqualifikati-

Schweizerische Folklore auf einer Hundeausstellung in Santa Rosa, Kalifornien.

on hängt zumeist auch die Höhe der Decktaxe ab, die ein Rüdenbesitzer verlangen kann, wobei ich hier doch anfügen möchte, daß ein Ausstellungssieger nicht automatisch auch ein guter Vererber sein muß.

Neben der Freude am Erfolg, der jedem zielstrebigen Züchter zu gönnen ist, gibt es also ganz handfeste finanzielle Gründe für die Teilnahme an einer Hundeausstellung.

Das gilt jedoch kaum für den Hundebesitzer, der mit seiner Hündin nicht züchten will und der seinen Rüden nicht unbedingt zum Decken von Hündinnen zur Verfügung stellen will. Er will einfach wissen, welche Vorzüge und welche Mängel sein Hund in den Augen der Fachleute hat, und hat er das Glück, mit seinem Hund in den ersten Rängen zu stehen, so erwacht bald der Ehrgeiz, möglichst viele Siegertitel

zu gewinnen. Dagegen ist nichts einzuwenden.

Schöne Hunde bestimmen auch heute noch das Zuchtziel einer Rasse. Sie tun das aber nur, wenn man sie zeigt, und dazu sind Ausstellungen da; der Begriff »Zuchtschau« sollte also im heutigen Ausstellungstrubel nicht ganz verlorengehen.

Wie wird ein Hund bewertet?

Richtschnur für den Richter ist der Standard der Rasse, in dem der ideale Rassenvertreter mehr oder weniger genau beschrieben ist.

Nun ist es aber nicht leicht, einen gelesenen Text in ein visuelles Bild umzusetzen, dem persönlichen Geschmack des Richters bleibt allemal ein gewisser Spielraum. Doch es gibt feststehende Normen, die für ihn unabänderlich sind:

So stellt der Richter vorerst einmal fest, ob der Hund innerhalb der vom Standard vorgeschriebenen Größe liegt, wobei er sich auf sein Augenmaß verlassen muß, denn exakte Messungen am lebenden Hund sind sehr zeitraubend. Er stellt fest, ob der Hund ein vollzahniges oder lückenhaftes Gebiß hat und ob der Zahnschluß (Vor- oder Rückbiß) den Anforderungen des Standards entspricht; er beurteilt die Augenfarbe, die Haarstruktur und die Fellfarbe (wobei hier bei vielen Rassen arge Manipulationen üblich sind); er kontrolliert das Gangwerk des Hundes und achtet darauf, ob der Hund ängstlich oder aggressiv ist.

All das sind Einzelheiten, die sich schließlich, und das ist wohl das wichtigste, zu einem Gesamtbild zusammenfügen, nach dem der Richter sein Urteil fällt, das er in einem schriftlichen Bericht festhält.

Einmal vorzüglich, das andere Mal nur gut

Wer mit seinem Hund mehrere Ausstellungen besucht, dem bleiben Enttäuschungen und Ärger selten erspart. Es kommt immer wieder vor, daß der Hund auf einer Ausstellung zum Sieger erkoren wird und auf einer nachfolgenden Ausstellung mit »Sehr gut« oder gar nur mit »Gut« aus dem Ring entlassen wird.

Daß sich der Aussteller darüber ärgert und den Richter als einen Banausen beschimpft, ist verständlich. Es sei nicht bestritten, daß ein Richter ein Fehlurteil fällen kann, aber öfters liegen die Gründe der unterschiedlichen Qualifikation beim Hund.

Der Hund ist körperlich und seelisch ein sehr bewegliches und labiles Tier und keineswegs mit Huftieren zu vergleichen, deren Bewegungsapparat eine sehr solide, aber auch sehr starre Konstruktion darstellt. Die Last des Körpers wird bei den Pflanzenfressern durch stark sehnig durchsetzte Muskeln, Bänder und Sehnen getragen. Diese Tiere können, ohne zu ermüden, sehr lange am gleichen Ort stehen und verändern ihre Körperumrisse auch in der normalen Ruhestellung kaum.

Folklore auf der Welt-Hundeausstellung in Bern 1979.

Nicht so der Hund. Sein Bewegungsapparat ist geschmeidig. Sein feingliedriges Skelett hat keine besonderen Trag- und Fixationsvorrichtungen, die das Körpergewicht passiv tragen. Die Muskulatur übernimmt die Fixation der Gelenke und die Stabilisierung des Gebäudes, deshalb ermüdet der Hund bereits beim ruhigen Stehen. Er will abliegen oder absitzen oder zumindest seine Körperhaltung verändern, und das sollte er ja im Richterring nicht tun. Langes Stehen macht ihn jedoch schlapp.

Es kommt hinzu, daß der Hund auch psychisch sehr beweglich und labil ist, und so hängt sein Erscheinungsbild ganz wesentlich von der momentanen psychischen Verfassung ab. Die Anwesenheit anderer Rüden im Ring kann bewirken, daß ein Hund im Affekt zwei bis drei Zentimeter größer erscheint als in ausgeglichener Stimmung. Er richtet sich auf, der Rücken wird kürzer, die Rute trägt er hoch, und er richtet die Ohren nach vorne.

Fehlt die »Konkurrenz« oder ist der Hund nach einer langen Anreise müde, so fehlt ihm verständlicherweise jegliche Motivation, um sich von seiner besten Seite zu präsentieren.

Der Richter kann aber nur beurteilen, was er momentan im Ring sieht, und so kommt es dann zu unterschiedlichen Bewertungen. Da gilt nur eines: »Mensch, ärgere dich nicht!«

Eine Botschafterin der schweizerischen Kynologie ist »Gitane de Braye«. Sie ist amerikanischer und kanadischer Schönheits-Champion.

Klasseneinteilung

Jüngstenklasse: für Hunde von 6 bis 9 Monaten

Jugendklasse (JK): für Hunde von 9 bis 18 Monaten

Offene Klasse (OK): für Hunde ab 15 Monaten

Gebrauchshundeklasse (GK): für Hunde ab 15 Monaten, die eine Leistungsprüfung mit Ausbildungskennzeichen (AKZ) absolviert haben (Sennenhunde können nicht in der GK gemeldet werden)

Championklasse (ChK): für Hunde ab 15 Monaten, die einen von der FCI oder von einem Landesverband anerkannten Schönheits-Champion-Titel errungen haben

Veteranenklasse: für Hunde ab 8 Jahren

Hors concours: für Hunde ab 9 Monaten (Hors concours gemeldete Hunde werden bewertet, jedoch nicht plaziert)

Qualifikationen

Vorzüglich: Hunde, die dem Rassestandard in nahezu idealer Weise entsprechen, in ausgezeichneter Verfassung vorgeführt werden und ein rassetypisches Verhalten zeigen

Sehr gut: Hunde von harmonischer Gesamterscheinung, die die rassetypischen Merkmale hinsichtlich Formwert und Verhalten in hohem Maße zeigen, bei denen jedoch kleinere Fehler die Bewertung »Vorzüglich« nicht zulassen

Gut: Hunde, die in den Hauptmerkmalen dem Rassestandard hinreichend entsprechen, aber mehrere kleine oder einzelne erhebliche Fehler aufweisen

Genügend: Hunde, die dem Rassestandard nicht mehr ausreichend entsprechen

Ungenügend: Hunde, die dem Rassestandard nicht mehr entsprechen

Die höchsten Titel

CACIB: Certificat d'aptitude au Championnat international de beauté – Anwartschaft für den Titel eines »Internationalen Schönheits-Champions«.

Der Titel wird an den schönsten Rüden und an die schönste Hündin der vereinigten Gewinner der Klassen OK, GK und ChK vergeben.

Der Titel »Internationaler Schönheits-Champion« wird durch die Fédération Cynologique Internationale homologiert, wenn ein Hund vier CACIB in drei verschiedenen Ländern unter drei verschiedenen Richtern erhalten hat. Eines der CACIB muß im Lande des Wohnsitzes des Hundeeigentümers oder im Ursprungsland der Rasse erlangt worden sein.

Zwischen dem ersten und dem vierten CACIB muß ein Zeitraum von 366 Tagen liegen.

Der zweitbeste Rüde oder die zweitbeste Hündin erhält das CACIB-Reserve.

CAC: Certificat d'aptitude au Championnat – Anwartschaft auf einen nationalen Schönheits-Champion-Titel.

Für die Homologierung des Titels haben die einzelnen Länder unterschiedliche Bestimmungen erlassen. Sie werden jeweils im Ausstellungskatalog publiziert.

16

Sollen wir Sennenhunde züchten?

Dank strenger Zucht-auslese auf eine symmetrische Zeichnung ist es gelungen, das Zeichnungsmuster sehr stark zu vereinheitlichen, wie diese drei Wurfgeschwister zeigen.

Die persönlichen Voraussetzungen

Manch einer, der sich eine Sennenhündin angeschafft hat, verspürt den Wunsch, mit ihr zu züchten. Er überlege sich dieses Vorhaben gründlich! Das Rezept, analog zu Großmutters Kochbuch: »Man nehme eine Hündin und führe sie zu einem Rüden, und in neun Wochen ist man Hundezüchter«, ist nicht unbedingt eine zu empfehlende Methode.

Es gilt da manches zu bedenken. Etliche persönliche und räumliche Voraussetzungen müssen vorhanden sein, bevor sich ein Zuchtvorhaben verantworten läßt.

Bei den persönlichen Voraussetzungen steht an erster Stelle: die Liebe zum Tier. Ohne sie hält man auf Dauer nicht durch. Mit Liebe zum Tier meine ich nun freilich nicht eine Gefühlsduselei, sondern eine verantwortungsbewußte Liebe, die auch Opfer bringen kann. So sieht sich ein Züchter gerade bei den Sennenhunden praktisch bei jedem Wurf vor die Aufgabe gestellt, eventuell Welpen töten zu müssen, weil die Hündin derer zu viele geboren hat.

Sennenhunde sind fruchtbar. Würfe mit 14 bis 16 Welpen sind beim Großen Schweizer Sennenhund keine Seltenheit, aber auch beim Appenzeller Sennenhund fallen ab und zu Würfe, die eine Hündin nicht selber ernähren kann. Sie kann ihre Milchproduktion nicht beliebig steigern. Da heißt es entweder zufüttern, was eine enorm aufwendige Arbeit ist, oder eine Amme suchen, was oft nicht funktioniert, oder als letzter, unsympathischer Ausweg, schlecht gezeichnete oder untergewichtige Welpen zu töten. Das erfordert starke Nerven, und nicht jeder hat sie.

Die Zeichnung der Sennenhunde ist die Vorstufe zu einer Plattenscheckung, wie sie z.B. viele Bernhardiner haben, und es liegt in der Natur dieses Musters, daß es sich nicht auf ein ganz bestimmtes Maß fixieren läßt.

So wird es immer Welpen ohne Blesse geben und andere, bei denen die Blesse sich über den halben Kopf ausdehnt; es wird solche geben mit weißen »Stiefeln«, mit einem weißen Halsring oder mit völlig asymmetrischer Zeichnung. Solche Junghunde verkaufen sich schlecht.

Der Züchter muß sich also damit abfinden können, unter Umständen einen sehr mittelmäßigen bis schlechten Wurf (gemessen an den Anforderungen des Standards) aufziehen zu müssen.

Und dann kommt unweigerlich der Zeitpunkt, da einem ans Herz gewachsene Welpen in fremde Hände gegeben werden müssen. Und damit stehen wir schon vor einem weiteren Problem, dem Käufer. Trotz aller Umsicht und Vorsicht passiert es auch dem verantwortungsbewußten Züchter, daß ein von ihm mit viel Liebe aufgezogener Junghund in die falschen Hände gerät. Das bedeutet in der Regel viel Ärger mit Leuten, die glauben, ein Hund sei eine Ware, die man nach Belieben zurückgeben und umtauschen könne. Daß in den meisten Fällen nicht der Hund, sondern der Besitzer versagt hat, das kann man solchen Leuten nur schwerlich beibringen.

Wer Erfolg hat, hat auch Neider, das gilt auch in der Hundezucht. Neid und Mißgunst grassieren gerade unter den Hundezüchtern, und manche sind nicht wählerisch in den Mitteln, wenn es gilt, einen vermeintlichen Konkurrenten zu schädigen. Wer Hunde züchten will, muß sich deshalb auch hier ein dickes Fell zulegen.

Eigene Gesundheit und Zeit sind weitere unabdingbare Erfordernisse. Nervöse Leute taugen nicht als Hundezüchter. Junge Hunde sind lebhaft, sie machen Lärm und haben einen gesunden Tatendrang. Da gilt es, mehrmals am Tag den Auslauf zu reinigen, und das heißt, sich bücken und wieder bücken, und zwar bei jedem Wetter. Das ist nichts für Menschen mit angeschlagener Gesundheit.

Wir wissen heute, wie wichtig es für die psychische Entwicklung der Welpen ist, daß sich der Mensch frühzeitig und intensiv mit ihnen beschäftigt. Die beste Gelegenheit dazu

ist das tägliche Wiegen der Welpen und später die tägliche Körperpflege. Doch fünf oder sechs lebhafte Junghunde täglich zu kämmen und zu bürsten, sie zu füttern und mit ihnen zu spielen, das erfordert Zeit.

Wer diese Zeit nicht erübrigen kann, der denke erst gar nicht daran, Hunde züchten zu wollen.

Die räum-
lichen Vor-
aussetzungen

Die schönsten Pläne und die besten persönlichen Voraussetzungen nützen nichts, wenn die räumlichen Voraussetzungen für eine Hundezucht nicht vorhanden sind.

Junghunde sollen sich bewegen können, sie brauchen einen genügend großen Auslauf an der frischen Luft, an Licht und Sonne. Ein gepflegter Ziergarten, ein ertragreicher Gemüsegarten ertragen die Anwesenheit tatendurstiger Junghunde nicht. Zudem wäre es unklug, sie Gefahren auszusetzen, denen sie nicht gewachsen sind, z.B. einem Gartenteich, einer fremden Katze oder gar Menschen, die sich nicht scheuen, einen Welpen zu stehlen, was leider auch schon vorgekommen ist. Da hilft nur ein stabiler, richtig umzäunter Auslauf. Wer den Platz dazu nicht hat, sollte vom Züchten absehen.

Dann sind da die lieben Nachbarn! Welpen, besonders Appenzeller und Entlebucher Welpen, machen Lärm. Es ist keineswegs damit zu rechnen, daß alle Junghunde mit zehn Wochen auch ihren Käufer gefunden haben, und je älter sie werden, desto lauter werden sie. Wer empfindliche Nachbarn hat, der überlege sich die Sache zweimal.

Manch einer wendet sich der Hundezucht zu, weil er sich davon einen schönen Nebenverdienst erhofft. Diese Rechnung aber geht selten so auf, wie sich das der Züchter vorstellt. Meist ist man froh, wenn der Erlös aus den verkauften Welpen die Auslagen deckt; dies ist oft nicht der Fall. Sicher gibt es Hundezüchter, die beim Züchten Geld verdienen. Dazu müssen jedoch verschiedene günstige Voraussetzungen vorhanden sein, z. B. eine billige und gute Futterquelle.

Die »blassen« Abzeichen an Kopf, Brust und Pfoten können mit zunehmendem Alter noch etwas besser werden, aber ideal ist diese Färbung auch bei einem Welpen nicht.

Ist das nicht der Fall und soll trotzdem Gewinn herausgewirtschaftet werden, so wird an allen Ecken und Enden gespart, und das geht auf Kosten der Eltern- und Jungtiere. Die Kondition der Jungtiere entspricht dann aber auch dem geringen Aufwand!

Muß eine Hündin Junge haben?

Die Meinung, eine Hündin müsse einmal in ihrem Leben Mutter werden, das sei Voraussetzung für ein langes und gesundes Leben, ist nicht auszurotten.

Die Statistik weiß es anders. Sie besagt, daß gleich viele Zuchthündinnen an Milchdrüsen- und Gebärmuttertumoren erkranken wie solche, die nie Welpen geworfen haben. Welpen gebären ist keine gesundheitliche Prophylaxe.

Manche meinen, ihre scheue und ängstliche Hündin würde durch eine Mutterschaft charakterlich gefestigt. Das trifft leider nur selten zu. Sicher wird aber eine solche Hündin ihre unerwünschten Eigenschaften an ihre Nachkommen weitergeben, und vor allem wirkt sich ihr Verhalten negativ auf den Charakter ihrer Kinder aus.

Dasselbe ist auch von Rüden zu sagen. Besitzer eines sexuell sehr aktiven Rüden äußern immer wieder den Wunsch, ihren Rüden einmal zum Decken einer Hündin zu geben – in der Meinung, er werde nachher

Der Stolz des Züchters: Ein Wurf gesunder, kräftiger und korrekt gezeichneter Welpen.

ruhiger. Genau das Gegenteil dürfte der Fall sein.

Sind alle Voraussetzungen gegeben und alle Bedenken vom Tisch, dann kann Hundezucht eine sehr beglückende Beschäftigung sein. Hundezucht – nicht einfach Hundevermehrung – ist eine zu ernsthafte Sache, als daß sie hier auf ein paar Seiten erschöpfend behandelt werden könnte. Wer unter die Züchter gehen will, der informiere sich vorher gründlich. (Mein »Brevier neuzeitlicher Hundezucht« bietet eine Fülle in langjähriger Praxis erprobter Ratschläge.)

Vor dem Züchten

Fragen:
• Habe ich genügend Zeit, um mich um die Junghunde zu kümmern?
• Verfüge ich über die nötigen Räumlichkeiten?
• Was sagen die Nachbarn, wenn die Junghunde frühmorgens Lärm machen?
• Finde ich gute Plätze für die Junghunde?

Wenn die Fragen positiv beantwortet werden:
• Buch über Hundezucht kaufen und lesen.
• Zuchtbestimmungen des Raseklubs anfordern und gut durchlesen.
• Erfahrene Züchter wegen des passenden Zuchtrüden kontaktieren.
• Zwingernamen beim Landesverband und bei der FCI schützen lassen.

KAPITEL 17

Unser Schweizer Sennenhund wird alt

Im Alter beginnt das Braun am Kopf grau zu werden. (Entlebucher Sennenhund)

Lebenserwartung

Altwerden ist das Schicksal eines jeden Lebewesens, keines entrinnt ihm. Freilich verläuft auch innerhalb derselben Art der Alterungsprozeß nicht bei jedem Individuum auf die gleiche Weise. Der eine altert schneller, der andere langsamer.

Die gelebten Jahre entsprechen nicht unbedingt und immer dem biologischen Alter, die Abnützungs- und Degenerationsprozesse verlaufen beim einen langsamer, beim andern schneller.

Ein achtjähriger Hund kann unter Umständen so jung sein wie ein vierjähriger, er kann aber auch schon ein Hundegreis sein. Langes Leben wünschen wir uns alle, für uns und unseren Hund, denn wir möchten unseren vierbeinigen Kameraden doch möglichst lange bei uns behalten. Freilich hat sich das Durchschnittsalter der Hunde in Europa, analog dem Durchschnittsalter der Menschen, in den letzten Jahren ganz erheblich verlängert. Doch es ist bei weitem nicht so hoch, wie viele Hundebesitzer annehmen möchten.

An der Universität Zürich hat man vor Jahren versucht, das Durchschnittsalter der Zürcher Hundepopulation zu errechnen. Dabei hat sich herausgestellt, daß es sich von 3,9 Jahren im Jahre 1953 auf 5,5 Jahre im Jahre 1963 erhöht hat. Ich glaube nicht, daß es sich seither wesentlich erhöht hat, denn Verkehrsunfälle und Zivilisationskrankheiten haben in den letzten

Jahren auch bei Hunden merkbar zugenommen.

Wesentlich verantwortlich für die Verlängerung von fast zwei Jahren innerhalb eines Jahrzehnts ist der Umstand, daß heute die meisten Hundebesitzer in städtischen Verhältnissen ihren Hund gegen Staupe, Hepatitis, Parvovirose und Leptospirose impfen lassen und die Sterblichkeitsrate der Junghunde dadurch gesenkt werden konnte.

Auch suchen die Leute bei Unpäßlichkeiten ihres Hundes weit häufiger den Tierarzt auf, als dies früher der Fall war.

Ein Hundejahr entspreche sieben Menschenjahren oder: »drei Jahre ein junger Hund, drei Jahre ein guter und drei Jahre ein alter Hund«, will die Volksweisheit wissen. Beide Vergleiche treffen nur bedingt zu. Ein mittelgroßer Hund ist bereits im Alter von zwölf bis 16 Monaten völlig erwachsen, ein Zwerghund gar schon mit neun bis zwölf Monaten, sie entsprechen entwicklungsmäßig einem 16- bis 18jährigen Teenager, aber niemals einem siebenjährigen Kind. Eine Hündin gebiert im Alter von acht bis neun Jahren in der Regel noch völlig problemlos, bei einer 60jährigen Frau wäre das ein biologisches Wunder.

Ein mittelgroßer Sennenhund kann im Alter von zwölf Jahren noch durchaus auf der Höhe seiner Lebenskraft sein, was für einen 84jährigen Menschen doch recht selten der Fall sein dürfte.

Wenn wir schon vergleichen wollen, dann müßten wir sagen: Ein Hund entwickelt sich in der Jugend rascher als ein Mensch, sein mittlerer Lebensabschnitt dauert bei ihm relativ länger als beim Menschen,

das Greisenstadium ist bei ihm meistens sehr kurz.

Wir sehen immer wieder, daß besonders mittelgroße und kleine Hunde mit zwölf bis 14 Jahren noch kaum Alterserscheinungen aufweisen, ihre Sinnesorgane funktionieren noch tadellos, sie laufen ausdauernd, Rüden sind voll zeugungsfähig, Hündinnen werden noch regelmäßig läufig; dann aber erfolgt die totale Vergreisung, der Abstieg auf den Nullpunkt, oft innerhalb weniger Monate oder gar nur Wochen.

Die Lebenserwartung ist zudem von Rasse zu Rasse verschieden. Große, schwere Hunde werden weniger alt als mittelgroße und kleine. So findet man wenige Bernhardiner oder Angehörige großer und schwerer Doggenrassen, die mehr als zehn Jahre alt und noch absolut fit sind – die Ausnahmen bestätigen lediglich die Regel; Appenzeller und Entlebucher Sennenhunde gibt es aber recht viele.

Unfälle und Infektionskrankheiten ausgeschlossen, hängt die Lebenserwartung eines Hundes im wesentlichen von drei Faktoren ab:

- Rasse,
- Zuchtfamilie,
- Haltung und Pflege.

Altersfrische

Altersfrische ist sicher zum Teil familienbedingt. Wir kennen verschiedene Zuchtstämme, deren Angehörige alt werden und auch im Alter noch frisch sind, während bei anderen Familien der Großteil schon vor dem zehnten Lebensjahr vergreist.

In dieser Beziehung könnten die Züchter und vor allem auch die Rasseklubs mehr tun, als dies heute üblich ist. Der Zucht altersfrischer Hunde stehen sogar Zuchtbestimmungen der Klubs direkt entgegen, indem sie für Rüden eine Zuchtaltersbeschränkung festlegen. Eine derartige Beschränkung ist durch nichts, aber auch gar nichts, gerechtfertigt, und darauf angesprochen, antworten die für diesen Unsinn Verantwortlichen regelmäßig: Man muß mit der Zeit auch andere zum Zuge kommen lassen.

Das ist falsch. Wie will man altersfrische Stämme aufbauen, wenn man die altersfrischen Zuchttiere vorzeitig aus der Zucht nimmt? Es gibt keinen vernünftigen Grund, einen gesunden, gut vererbenden Rüden mit acht oder zehn Jahren aus der Zucht zu nehmen; im Gegenteil, der Rüde, der mit zwölf Jahren noch auf der Höhe seiner Lebenskraft steht, sollte gerade diese Anlage für ein langes Leben an möglichst viele Nachkommen weitergeben. Die Gefahr, daß er schwächliche Nachkommen zeugt, besteht überhaupt nicht.

Bei Hündinnen ist eine Zuchtaltersgrenze eher sinnvoll, weil alte Hündinnen oft – nicht immer – schwerer gebären als junge und oft auch schlecht säugen.

Richtige Fütterung und Pflege sind wichtige Voraussetzungen zum Erreichen eines hohen Alters. Dabei gelten eigentlich für den Hund die gleichen Regeln wie für den Menschen: richtig zusammengesetzte Ernährung, viel Bewegung und eine sinnvolle Beschäftigung.

Schon Prof. ALBERT HEIM hat vor bald 100 Jahren darauf hingewiesen, daß Bauernhunde, die regelmäßig den Milchkarren in die Käserei ziehen, im Durchschnitt älter werden und länger leistungsfähig bleiben als ihre Kollegen, die ihr eintöniges Leben an der Kette verbringen müssen.

Fettleibigkeit verkürzt die Lebensdauer. Ausnahmen bestätigen nur die Regel. Mangel an Bewegung setzt die körperliche Leistungsfähigkeit herab.

Sennenhunde neigen von Natur aus zu Fettleibigkeit. Die Zeiten sollten endgültig vorbei sein, wo Fettleibigkeit durchaus erwünscht war, weil für Hundeschmalz als Heilmittel gute Preise bezahlt wurden.

Was für den Menschen gilt, gilt auch für den Hund: Man wird leichter fett als nachher wieder schlank! Der Abbau der überflüssigen Kilos verlangt die rigorose Anwendung der FdH-Methode: Friß die Hälfte! In krassen Fällen noch weniger!

Fettleibigkeit ist wohl in unseren Breiten das größte Übel des alten Hundes. Man kann den Hundehaltern nicht eindringlich genug predigen: Haltet euren Hund schlank (nicht mager!), ihr tut ihm den denkbar schlechtesten Dienst, wenn ihr ihn mästet.

Nun sind freilich die Ansichten, ob zu fett oder nicht zu fett, oft recht verschieden. Es gibt leider immer noch Richter, die an Ausstellungen Fett mit Substanz verwechseln und so falsche Zuchtziele setzen. Substanz heißt starke Knochen und gute Bemuskelung, aber nicht Fettpolster.

Wenn bei einem Sennenhund, gleich welcher Größe, der Nabel tiefer liegt als das Brustbein, dann hat der Hund ohne Zweifel einen Schmerbauch, auch wenn wir von den Sennenhunden nur eine mäßig aufgezogene Bauchlinie verlangen. Und wenn sein Umfang, hinter dem letzten Rippenbogen gemessen, mehr beträgt als der Brustumfang, dann ist seine Speckschicht zu dick, und er muß einer Schlankheitskur unterzogen werden. Dabei haben sich die im Handel erhältlichen Abmagerungs-Diätfutter recht gut bewährt.

Richtige Haltung des alten Hundes

Der alte Hund schläft mehr als der junge. Doch es wäre völlig falsch, ihn den ganzen Tag faul herumliegen zu lassen; denn was für den alten Menschen gilt, gilt auch für den Hund: Wer rastet, der rostet! Auch der alte Hund muß sich jeden Tag ausgiebig bewegen, es ist vor allem dafür zu sorgen, daß er sich regelmäßig entleert und daß keine Verstopfungen auftreten. Seinen Darm entleert er am ehesten auf einem längeren Spaziergang. (Wobei wir das Tütchen nicht vergessen!)

Beim alten Hund nehmen die Nierenfunktionen ab. Bei mehr als 80 % der über achtjährigen Hunde lassen sich, laut Untersuchungen am Tierspital Bern, mehr oder weniger ausgeprägte entzündliche Veränderungen der Nieren feststellen. Nach amerikanischen Untersuchungen sterben rund 15 % der über achtjährigen Hunde an einem Nierenversagen.

Trotz geschädigter Nieren werden aber beim sonst gesunden Hund noch genügend Schlackenstoffe mit dem Harn ausgeschieden, die herabgesetzte Nierenfunktion wird dadurch kompensiert, daß vermehrt verdünnter Harn ausgeschieden wird. Der Hund muß deshalb mehr Flüssigkeit aufnehmen. Wenn wir ihn daran hindern (aus Bequemlichkeit, weil er nun öfters hinaus muß), dann kann das zu einem plötzlichen Nierenversagen mit tödlichem Ausgang führen.

Wenn der alte Hund einen üblen Mundgeruch hat – oft stinkt er ganz erbärmlich –, dann ist es höchste Zeit, den Zahnstein zu entfernen und eventuell bereits kariöse Zähne ziehen zu lassen. Regelmäßige Zahnpflege ist für den alten Hund wichtig, denn die Selbstreinigung der Zähne funktioniert nicht mehr zufriedenstellend. Der Zahnstein muß aber nicht nur vorne an den Schneidezähnen, wo er gut sichtbar ist, entfernt werden, sondern auch hinten an den großen Prämolaren und Molaren, wo sich oft wahre Kalkgebirge bilden.

Der alte Hund braucht weniger Kalorien als der junge Hund. Er verdaut Fett ohnehin schlechter als früher, deshalb sollte seine Nahrung fettarm sein. Die Nahrung verteilen wir auf zwei oder drei Mahlzeiten pro Tag, das belastet ihn weniger, fördert eine bessere Futterverwertung und beugt bei den beiden großen Rassen einer gefährlichen Magendrehung vor.

Um einer Demineralisierung des Skeletts vorzubeugen, erhält er jetzt, wie in jungen Jahren, ein Calcium-Phosphor-Präparat. Man frage den Tierarzt.

Ältere Rüden leiden oft unter verstopften Analdrüsenausgängen. Wenn sich um den After Pusteln bilden oder wenn der Hund auf dem Teppich »Schlitten fährt«, dann muß der Tierarzt die Analdrüsen ausdrücken, sie vielleicht mit der Zeit sogar operativ entfernen.

Viele ältere Hündinnen bilden Milchdrüsentumore. Sie sind nicht immer bösartig, sollten aber in jedem Fall frühzeitig entfernt werden.

Recht häufig treten bei älteren Hündinnen im Anschluß an die Läufigkeit Gebärmutterentzündungen auf. Eine solche nicht behandelte Pyometra kann für die Hündin zur Todesursache werden. Ist die Hündin sonst gesund, ist vor allem ihr Herz in Ordnung, so rate ich in solchen Fällen zur operativen Entfernung der Gebärmutter und der Eierstöcke. Man kann dadurch das Leben um Jahre verlängern.

Es kann hier nicht der Ort sein, alle möglichen Alterskrankheiten der Hunde aufzuzählen. Die wenigen Hinweise sollten eigentlich nur zeigen, daß es von Vorteil ist, den alten Hund von Zeit zu Zeit dem Tierarzt vorzustellen, denn dieser kann eine beginnende Erkrankung besser erkennen als wir und zu den nötigen Maßnahmen raten.

Abschied nehmen

Eines Tages kann auch der Arzt nicht mehr helfen. Sicher kann auch der Tierarzt einem todkranken Hund das Leben noch verlängern, aber davon sollten wir unbedingt absehen. Sobald das Leben für den Hund nicht mehr lebenswert ist, wenn er Schmerzen hat und leidet und keine Aussicht auf Heilung besteht, dann ist es unsere Pflicht, mit unserem treuen Gefährten den letzten schweren Gang zum Tierarzt anzutreten. Davor dürfen wir uns nicht mit faulen Ausreden drücken. Wir bleiben beim Hund, wenn er die tödliche Spritze erhält, das schulden wir ihm. Sich davor zu drücken, ist nicht Tierliebe, sondern Feigheit.

Den Hund leiden zu lassen, nur weil wir nicht den Mut zur letzten Entscheidung aufbringen, das dürfen wir ihm nicht antun.

Ich weiß, der Abschied von einem guten Hund kann so schmerzhaft sein wie der Abschied von einem guten Menschen, doch »Le roi est mort, vive le roi!« Am besten hilft uns der baldige Erwerb eines jungen Hundes über den Verlust hinweg.

Der alte Hund

- Er braucht genügend Bewegung, darf aber nicht überfordert werden.
- Futter auf drei Mahlzeiten pro Tag verteilen.
- Genügend Wasser zur Verfügung stellen.
- Der Demineralisierung des Skeletts vorbeugen.
- Den Hund mindestens einmal jährlich dem Tierarzt vorführen.

Anhang

Adressen

Verband für das Deutsche Hunde-
wesen VDH e.V.
Westfalendamm 174
D-44141 Dortmund
Tel.: 0231–56500-0
Fax: 0231–592440

Schweizer Sennenhund-Verein
für Deutschland e.V.
Wolfgang Salbert
Kleekampweg 13
D-33613 Bielefeld
Tel.: 0521–884686

Österreichischer Kynologenverband
Johann-Teufel-Gasse 8
A-1238 Wien
Tel.: 0222–887092
Fax: 0222–8892621

Schweizerische Kynologische
Gesellschaft (SKG)
Länggaßstr. 8
Case Postale 8217
CH-3001 Bern
Tel.: 031-235819
Fax: 031-240215

Schweizerischer Klub für Berner
Sennenhunde
Hans Bachmann
Im Gisel
CH-8536 Hüttwilen
Tel.: 054747–1366
Fax: 054747–1291

Fédération Cynologique Internationale
13, Place Albert I
B-6530 Thuin
Tel.: 071-591238
Fax: 071-592229

Literatur

BÄRTSCHI, M. und H.-J. SPENGLER:
Hunde sehen, züchten, erleben. Das
Buch vom Berner Sennenhund.
Haupt, Bern 1993.

FEDDERSEN-PETERSEN, DORIT: Hunde und ihre Menschen. Stuttgart
1992.

FEDDERSEN-PETERSEN, DORIT: Hun-
depsychologie. 3. Aufl., Stuttgart
1989.

KRÄMER, EVA-MARIA: Der Kosmos
Hundeführer. Stuttgart 1990.

MEYER, H.: Ernährung des Hundes. Ulmer, Stuttgart 1983.

RAKOW, BARBARA: Der homöopathische Hundedoktor. 3. Aufl., Stuttgart 1992.

RÄBER, HANS: Brevier neuzeitlicher Hundezucht. Haupt, Bern 1994.

RÄBER, HANS: Die Schweizer Hunderassen. A. Müller, Rüschlikon 1980.

RÄBER, HANS: Enzyklopädie der Rassehunde, Band I und II. Stuttgart 1993/1994.

ROSS, JOHN und BARBARA McKINNEY: Hunde verstehen und richtig erziehen. Stuttgart 1994.

SCHNABEL, ELISABETH: Unser Hund wird gut erzogen. 5. Aufl., Stuttgart 1992.

WIMMER-KIECKBUSCH, KARIN: Freizeit mit dem Hund. Stuttgart 1992.

Register